U0073638

我的紅樓
不是夢

22個為真實自己奮戰的生命故事

×

逾三百張記載同志摯愛的勇敢圖像

國際知名暢銷書作家　**吳錦珠**／著

性別沒有界線，在LGBTQIA+的世界裡，自由、包容、探索

祝福天下有情人終成日月

世界醫療總裁／林晏郡

千呼萬喚，千等百等，終於撥雲見日！終於雨過天晴！終於找回自己的原由！找回自己的原力！找回自己的原淵與原源！

自古以來，世人所期盼所期待的⋯⋯所謂「共命共力‧共識共事‧志同道合‧同心協力」之無上人生人性的光輝與境界、修為與作為，在人生不斷不斷的淬煉與歷練、不斷不斷的煎熬與堅持，終於我們找到了真理，我們更找到了真理衍生的合理道理與無理。更超越了人類幾十世紀來，無法突破的超越與障礙！

所謂「人乃無化有，化有化有化化有；人更乃有歸無，歸無歸無歸歸無」，探討人生最高的宗旨與意義；又亦乃「人之生由何來，人之死又何去，才是人生最大的探討與課題」。

一個結果有時候，需要九個過程。

一個成就與造就，有時候也要經過九個考核與檢驗。

古人說：「吃得苦中苦；方為人上人。」一切的真正美好，往往需要經過無限無限的淬煉與歷練。恭喜《我的紅樓不

是夢》新書精緻出版，感恩天下父母沁，感恩相關的啟蒙機遇與機緣者。

　　更真誠地、虔誠地祝福天下有情人終成日月。

　　天下同志與同誌，終成完美與圓滿！

靈魂之愛 純粹美好

光大計劃沁身靈協會理事長／李芯薇

早在古代的希臘，哲學家柏拉圖（Plato，427~347B.C.）就曾提到同性之愛，也就是所謂的同性戀，並且是當時一種早已存在的風尚。

根據《理想國》（Republic，460a）的設計，男女只是在特定慶典中，為生育子女這一個目的而結合。兩性關係在柏拉圖的時代，是由城邦政治及社會觀點去考慮，男性的身體之美及靈魂美德，只能在同性之間尋找，同性之愛的風氣就順理成章成為社群中自然的常態。

古希臘女詩人莎芙（630~570 B.C.），則是世界上最早創作出女性對同性表達愛慾詩作的詩人。例如，有一首詩歌是她要求另一位女性，成為她在愛情中的戰友。而她所居住的萊斯博斯島，則成為後世西方語言中，稱呼女同性戀者（蕾絲邊，Lesbian）的名詞。

由此得知，古希臘人對於同志之愛是沒有批判，同志是備受歌詠的真善美結合。彼此在美德的陶冶下，相互扶持、欣賞合作、保家衛國，追求智慧啟發，以及永恆的靈魂之愛。

曾幾何時，這種純粹美好真誠的愛，被社會偏見、主流文

化價值負面標籤化，成為病態、變態、濫交的代名詞。

在近代 1948 年 12 月 10 日，聯合國大會通過《世界人權宣言》第一條：「人人生而自由，在尊嚴和權利上一律平等。他們賦有理性和良心，並應以兄弟關係的精神相對待。」（All human beings are born free and equal in dignity and rights. They are endowed with reason and conscience and should act towards one another in a spirit of brotherhood.）

人權是賦予每一個人的，不分國籍、種族、膚色、性別、性取向，都應一視平等。

這一路走來，同志朋友們真的很不容易，從傳統文化觀念對於同性戀的污名化、病態化；在社會制度上是次等公民；在家庭關係中常成為透明人；在社會主流價值中被邊緣化之處境等，在在顯示出性別認同及性取向不同於異性戀的同志們，他們艱難的生存困境。

也因為如此，同志朋友們在社會上被霸凌傷害的事件頻傳，因性別取向造成情緒、精神疾病的個案眾多。當生命不再被支持擁抱，放棄生存的靈魂暗夜將永無止盡的輪迴。

台灣的同志運動，最早可追溯到 1986 年，祁家威與同性伴侶到法院申請結婚而被拒絕，立法院以「同性戀為少數變態，純為滿足情慾者，違背社會善良風俗」為由，拒絕其請願。

自此開啟了一連串同志平權及同性婚姻立法訴求的社會運

動。在這 30 餘年間，許多同志團體、媒體、法律、政治、社會、文學、電影、出版、藝術、學術等人士，不斷在各行各業努力，前仆後繼，只為爭取一個正義真理。

皇天不負苦心人，2019 年 5 月 17 日同性婚姻專法在立法院三讀通過。5 月 17 日這一天，也是國際不再恐同日，同年 5 月 22 日，由總統蔡英文公布法案，並在 5 月 24 日正式施行。在這歷史性的一刻，台灣成為亞洲第一個暨世界第 28 個承認同性婚姻（Same-sex marriage）的國家。

這個時刻的來臨，宣告同志悲情及悲劇的時代已經結束。同志再也不是病態，站在平權的人文精神根基上，同志朋友們，我們要先健康地面對自己，肯定自己的價值，唯有自己愛自己，他人才會用同樣的愛來支持彼此。

同志悲情時代已是過去式，迎接而來的是「同誌時代」，不分異同，誌同道合，共同生長在尊貴且自由民主開放的聖地——台灣，我們大家一起守護這得來不易的亞洲第一。

讓彩虹般的多元文化、正義真理扎根台灣，更讓全世界都來歌頌朝聖。以台灣為名的愛將不分異同，同誌軟實力的里程碑，即將紀錄嶄新的開始。

《我的紅樓不是夢》，讓我們繼續揚起彩虹旗，往世界大同邁進。

由相對論進入相融論

財團法人梅花基金會董事長／楊慧珺

西方人說：「不自由毋寧死。」

東方人也說：「不自由不能死。」

自由的真誠、自由的可貴、自由的真理、自由的真意、自由的總總人事地物往往是權勢、權利、金錢、誘惑……等等相相比擬！

但「自由」須以法治為基礎、「自由」須以大同為定向、「自由」須以和平為依歸、「自由」須以人類的幸福與福祉為修為與作為，就如同山川海河嶽、如日月星壽燃、如啟承轉合圓。

而天生萬物養萬物、天養萬物生萬物，人無法離群而居，更無法棄社會而別，故以《我的紅樓不是夢》這本書相載著、提議的、撰寫的、思維的、邏輯的、考核的、檢驗的、敘述的、生活的、生存的、法則的，盡在描述宇宙萬生萬物、萬景萬象、共互生存、共互依偎。尤其從身、心、靈的層次發揮，到宇宙的空間與時間，更進入了星際星球亦或恆河星系、銀河星系、星河星系……等等，開創更高境界的生生不息、不息生生的，正所謂「自由、平等、博愛」。

亙古至今，不管從哲學體系、科學體系、畸學體系亦或鑫學體系、倒鑫學體系，就有如更深一層芬多精的世界，人人享有、人人共有。其人類生存的宗旨與意義，或許這就是真正在實現與延續人類的最高慧命。使其千年、萬年、億年甚至億億年……

　　蓬萊仙島——台灣就是這樣和諧、這樣幸福、這樣快樂、這樣自由的寫照。願《我的紅樓不是夢》這本書，能打開人類的桎梏、解脫與超脫，更進一步推廣人類由原本的相對論，進入人類更高層次的相融論！

楊慧瑛 w.p

生命彩虹燦爛永恆

國際光束學院創辦人／王涵

如果，還原著「你還是那個嬰兒，你還是那個寶貝，你還是那個寶乳，你還是那個寶吸，寶吶，你還是那個寶吮，寶哭寶鬧……」

上帝似乎已註定你的命運，你的運命，你的乾坤陰陽，你的靈體，你的肉體，你的生命力，你的生原力，你的生力力，你的生繼力……

而呱呱墜地，清清白白，光光氖氖的來到這個世間，來到這個人間，不匆不忙，不染一塵，不知一事，不知一物，不知一懂，不知一董，渾渾噩噩，但終將要走入社會，走入家庭，走入面對一切的萬生萬物，萬景萬象。（無生由此一生，由此一生始始乎！）

請問誰來分判，誰來判決，誰來決定這人生旅途的濤濤歲月，滾滾紅塵之吉凶禍福，盛衰起落之富貴貧賤，之極樂凶危，之人生無常，之人生疑難雜症，之人生罕見疾病，之人生的基因遺傳，人生的基因傳承……

面對這一些人生恆常之變化與造化，之人類生存、生活、生命、生機與生要，人生不若是（一個大熔爐，大染缸，大去

蕪，大存菁之大成就與大造就）如日月星辰，如光之再現，如馮之在顯！

　　《我的紅樓不是夢》新書，正是人生的一大寫照，正是人生一大卓越與超越，正是人生的一道真理與修為。

　　祝福天下人，更祝福著天下同志與同誌。

　　這是您的光輝！這是您的燦爛！

　　這是您的生命彩虹！這更是您生命彩虹的燦爛與永恆！

看見更好的自己

全腦高效能顧問訓練師、寵物星球頻道領導人／ 王鼎琪 Cindie

《我的紅樓不是夢》是一本可以給人感動、激動、行動的好書，重新啟動我們的身心靈，進行前所未有的探索，並可藉此昇華自我，是本難能可貴的珍藏書與禮物書。

這本書的每位受訪者，真實陳述了自身為愛、為自由打拼的奮鬥過程，他們的勇氣與不放棄的精神、在各領域想要出人頭地的汗水與淚水，讓此書特別有價值，更能讓讀者更加尊重與感恩生命的所有一切。

我自己是位教育工作的狂熱者，過去 20 年專注在全腦潛能開發與高效能的訓練上，縱橫 43 個國家，出版 13 本暢銷書。《我的紅樓不是夢》開發了我不同型態的潛能，它讓我看到不同層次包容的愛與無限的可能。

這本書的誕生，也是一場美好的際遇！我與作者吳錦珠老師奇特的靈性之旅，不在計畫之下就此發生了。此書從發想到執行，是我與作者在過去數十年的經驗裡，創下單次採訪人數最多、出版速度最快、留下最多汗水與歡笑的一次。但也是最有能量、最有色彩、最有光的一次體悟！

我與吳錦珠老師，相識在 2005 年，她是我第一本書《給

我記住》的催生者，她的著作目前已超過 222 本，發行世界 20 幾個國家，堪稱是當今藝文界奇女子。在認識她的這 16 個年頭，我見證她親力親為，採訪過無數海內外名人，像是美國的風雲人物保險教父梅第的《無懼與堅持》、泰國的傳奇人物三明治先生的《10 元三明治如何戰勝麥當勞》、亞洲首席超級演說家梁凱恩、已拍成電影跟電視連續劇的《下一個奇蹟就是你》……等暢銷書，都是由她所撰寫的。

多少日子的異國採訪與深度貼身報導，才能出產一本又一本、感人肺腑打動人心的書籍，並揭開世人無奇不有的成功秘辛。多少各領域企業家、各國世界大師，都為她的專業與敬業的認真態度所折服，這也是為什麼她筆下的作品，都是暢銷書，更是常銷書。

我很榮幸一起參與這項計畫，並陪同這本書的誕生。希望藉由《我的紅樓不是夢》啟發更多人在過去想不透的問題裡，現在可以找到相對應的答案。

希望在 2021 年後，人們多重視身心靈的均衡發展，重視那看不見的力量與摸不著的意識，讓生命更健康、更豐富、更有價值。

王明琪

灑滿洋蔥的愛情

國際知名暢銷書作家/ 吳錦珠

　　如果你因失去了太陽而流淚，那麼你也將失去群星了。

　　不要因為峭壁是高的，便讓你的愛情坐在峭壁上。

　　我的心把她的波浪在世界的海岸上沖激著，以熱淚在上邊寫著她的題記：「我愛你。」

　　鳥兒願為一朵雲；雲兒願為一隻鳥。

　　使生如夏花之絢爛，死如秋葉之靜美。

　　愛情對世界說道：「我是你的」

　　世界便給予愛情可以在它屋內來往的自由。

　　這六句愛情詩，是第一位獲得諾貝爾文學獎的亞洲人，印度詩人泰戈爾，聞名世界的絕美愛情詩句。對於全球同志而言，是相當貼切浪漫的愛情寫照。

　　2019 年 5 月 24 日，台灣成為亞洲第一個同婚合法化的國家。曾經因為自己同志的身分，而迷惘、無助、糾結、衝突、茫然不知所措的眾多同志們，此刻都高聲歡呼熱烈鼓掌，開懷跳躍相擁而泣！

　　「吳大作家啊，我代表全世界的同志們謝謝妳！《我的紅樓不是夢》一定會幫助很多人，一定會暢銷大賣！」世界領導

人協會吳宗霖主席親口告訴我，要快快採訪寫作，速速出版上市！於是我們展開了日以繼夜、不眠不休的新書趕製。

台灣同志運動同義詞的祁家威，從 1986 年公開出櫃開始，便為同志平權運動，和同志婚姻合法化不斷奮鬥，打過無數場的官司。多年前，我還是媒體美少女時，曾為製作同志專題必須親訪祁家威。當時身邊的親朋好友都投以驚訝的眼光，跟我說：「啊？妳要親自去採訪祁家威？同性戀、愛滋病很可怕！他的椅子不要坐，他的桌子不要碰，他倒給妳喝的水不要喝，他拿給妳的食物不要吃，千萬不要跟他握手，萬萬不可跟他擁抱……」我就這樣被嚇得三天三夜睡不好覺。

今年再次深度採訪祁家威老師時，他笑地燦爛說：「現在妳是媒體熟美女了！」哎呀！因為當年大家對同性戀的不了解，產生諸多誤解。我熱情握住他的手，輕啜「愛之船」的好咖啡，專注聽他滔滔不絕講了 4 個多小時，開啟《我的紅樓不是夢》第一個好好聽的同志故事。

第二個好好聽的是天竺大師李芯薇，她希望帶領社會走過同性戀被誤解病態的黑暗幽谷，進入同志平權的現代進行式，迎向同志大同化的無分別，愛之船啦啦時尚概念館，會繼續朝這樣的目標邁進！而曾入選香港電影節新導演、中國金雞百花電影節新翼導演的蔡俊彬表示，同志不只是男生愛男生，女生愛女生，而是男男女女，都要找到屬於自己此生的真愛，活出

有意義的生命價值。

　　來自洛杉磯的 Olivia 說：「最重要的是，沒有人在乎你是同志，也沒有人批判你是誰？你是什麼種族？什麼性別認同？甚至來自什麼背景？」Jennifer 來自美國伊利諾州，她和 Lisa Dazols 在舊金山戀愛、在加州結婚，最後透過人工受孕，產下一兒一女。她們最想對同志朋友們說：「我們與你在一起！我們在這，我們愛你，我們是你的 LGBT 家人。」

　　自由女神李盈翻說：「我在愛之船服務的這十多年來，陪伴著許多客人走過生命風暴。愛之船是個充滿光和愛，溫馨地像家一樣的地方，因為這裡是大家靈魂的家啊！」

　　來自馬來西亞的黃敏怡說：「當我去尋求知道我性向的老師幫助時，老師只淡淡地告訴我，多拜觀音，祈禱讓我變回『正常』。喜歡男、喜歡女；不是命運、更不是宿命！因愛僅僅是一個恩典。」來自新加坡的 Eve 說：「同志都在你我當中，跟你我沒什麼兩樣。」

　　塗又儀是護理師，曾經在急診室遇到生病的同志掛號，另一半焦急地在聯絡家屬，因為開刀同意書，沒有同志伴侶簽名的位置……這個場景跟歌手蔡依林的歌曲《不一樣又怎樣》相似，到生死關頭之時，同居了 40 餘年的兩人竟連簽字的權利都沒有。作詞人林夕說：「愛不只是抽象的信仰，應該是一種權利，不需要誰原諒或是體諒。」

在 2018 年 11 月 24 日，同婚公投投票日前夕，雲門舞集創辦人林懷民、作家白先勇、作家黃春明先後支持婚姻平權。導演蔡明亮也在 2018 金馬影展閉幕片《你的臉》映後，公開出櫃，表達對婚姻平權的支持。

Mamak 檔大馬旅台同志會創辦人湯明越，跟蔡明亮導演在媒體前公開出櫃的場景相似。他也是在一場活動中，對台灣媒體直白地出櫃了。我勇敢！我幸福！

父親是泰雅族原住民的黃驛翔，無所畏懼地去面對自己是同志。在深度採訪時他說，在父親離世前，很遺憾沒有跟他出櫃。說著說著，他在我面前，情緒崩潰、泣不成聲！一個又一個，接連 22 個好好聽、灑滿洋蔥的同志故事……

特別感謝我的閨蜜國際知名全腦教育家王鼎琪老師，介紹吳宗霖主席，牽起《我的紅樓不是夢》的美好紅線。感恩采舍國際王晴天博士、歐總編、心瑜社長、天竺大師李芯薇、自由女神李盈翩、霹靂敏怡、Olivia……對新書的鼎力相助。

《我的紅樓不是夢》，深入淺出、精彩呈現了台灣同志婚姻合法化後的同誌新世紀。讓我們告別悲情，由更多元化的角度，讓全世界看到彩虹世界活潑跳躍的豐盛生命力。

目錄
Contents

Chapter

① 看見同志　平權運動

Chapter

② 同言同語 坦誠相愛

 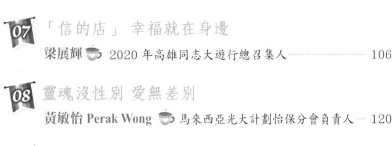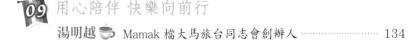

Chapter 4　彩虹國度　嶄新視野

Chapter 1

看見同志　平權運動

01
上帝說要做的

祁家威
台灣同志婚姻平權之父

經歷

爭取台灣同志婚姻合法化、同志熱線、防疫愛滋病、跨國同婚和同志伴侶撫養權等

專長

性別議題爭取、防疫愛滋病、愛滋病去除污名化和同志去病化

座右銘

我們要繼續充滿希望，就算不是今天、不是明天，但終有一天，一定會來臨！

（口述／祁家威；採訪／吳錦珠、李芯薇；文字整理／黃敏怡）

💗 總統親寫推薦文

2020 年美國《TIME》雜誌，公佈祁家威被列入百大影響人物，排名第 17 名。而他的推薦介紹文，是台灣蔡英文總統所寫——「早在幾十年前，祁家威冒著承受牢獄之災的風險，倡導婚姻平權，並一再地向法院提起訴訟，他的堅持不懈，爾後更促成大法官釋憲，讓台灣同性婚姻合法化。而多年來，祁家威憑藉著巨大的生命勇氣，力抗社會上的強大偏見。我相信，他將會為每一位值得去愛以及被愛的人點亮未來。」

祁家威在每年各地的同志大遊行中，總會站在最高處揮舞彩虹大旗。他就像是台灣同志的精神燈塔，每次看到祁家威，對於同志朋友來說都會莫名的有一種安定感。彷彿他輕輕地在耳邊說：「有我在，任何事都無法阻擋我們。」

是的，祁家威是用他的生命來捍衛同志平權，為大家開疆闢土，堅持相信人權平等真理。沒有他一路以來的努力，不會有「亞洲第一」、「全世界第 28 個」同志婚姻合法化的國家——台灣。祁家威為台灣的民主開放，在世界的歷史上，記下了神聖的歷史刻記。

♥ 成為台灣同志運動的同義詞

從 1986 年開始，祁家威就為同志平權運動和同志婚姻合法化不斷奮鬥，打過無數場的官司。從 1986 年第一次召開記者會公開出櫃後，從此祁家威就成為了「台灣同志運動」的同義詞。同一年，祁家威在台北地方法院與一名男性要求公證結婚被拒。於是，他便從立法院、行政院、司法院，一路到聲請大法官釋憲，他一個人披荊斬棘，拒絕不平等的價值，憑藉頑強的信仰，擊碎了眾人對同志不平等的高牆。

在採訪的過程中，祁家威毫不吝嗇地把所有生命歷程與未來展望一一傾囊而出，盼望把他所知道的、他所擁有的，全部告訴讀者們。讓我們延續這一道彩虹榮光的精神，從孤單的同志走向志同道合的「同誌」新世紀。

亞洲第一同志婚姻合法化的推手、台灣同志婚姻平權之父祁家威說，他從 17 歲就已經確認自己的性向，並且在學校出櫃。他的生命是注定要做同志的，並且對同志有著相信上帝信仰的使命感。身為同志並不是一種恥辱，當他保持平常心的態度，向同學、師長、父母、軍隊長官，甚至大眾出櫃時，都是得到接納的回應。

▲ 2020 年臺灣同志遊行（照片來源：梁凱博）

💜 不平凡的同婚之父

　　1975 年，他在學校出櫃，學校裡面的人分成兩種態度，一半是只接納他，而不接納他以外的同志；另一半則是接納他，並也接納其他的同志朋友。所以在台灣當時封閉戒嚴的年代，並不代表所有人的心及思想都是貧瘠封閉的。自信心爆表的頑童祁家威說，或許是因為他很「真」和「很優秀」，因此對於他的與眾不同，大家就會覺得理所當然，自然就會接納性別取向與異性戀不一樣的他。

　　他一路走來都是異於常人的，比如在當兵的時候，大家都知道他是同志。祁家威笑開懷地回憶說，有次在操場，他追著一個喜歡的阿兵哥、想親他的臉，結果當時正端著茶杯喝茶的指揮官皺著眉頭大聲喊：「拜託，你饒了他吧！」但是同儕和長官都不會特別對待或傷害他，反而把他當作很好的朋友，他

也熱於幫助所有的人，軍中所有的比賽，不分文武都拿第一。也許是他對自我價值的肯定，還有自我認同的健康態度，造就了不平凡的同婚之父的命運。

💟 建中心頭肉是刻在心裡的名字

在讀建中時，他有一位暗戀的男同學「心頭肉」；全校都知道祁家威喜歡他，唯獨對方不知道。當時同性戀是一種「物以稀為貴」的珍奇異獸，大家都很愛戴他，因此當他拜託大家都要幫助他的「心頭肉」時，大家都會遵守並且默默守護他。

祁家威舉了一個例子：當時同學們都會帶便當到學校，學校有一個蒸便當的地方，早上 9 點前要收齊全班便當，才能加熱。有一天「心頭肉」帶三明治當午餐，班上同學不知道，因此不敢先蒸便當，當天中午祁家威暗戀的男同學開心吃著三明治，而班上其他同學都吃冷便當。大家卻也沒有怨言，甚至沒有拆穿這一份暗戀的心意。

後來，對方去了美國讀書，還與祁家威通信說到，不知為何自己才剛來美國，一參加同學會，大家都對他很好，還給他當會長，怎麼會那麼順利呢？祁家威笑說：「也不看看他是誰的心頭肉，我拜託多少人照顧他啊！」真正的愛就是這麼看似平常卻珍貴，放在心裡一輩子，只有滿滿的祝福，從來沒有一絲可惜。

祁家威於 1986 年 3 月召開了國際記者會，公開出櫃自己的同志身分，決定開始為同志平權發聲。他說其實他從 1983 年就已經在默默醞釀，但為何要等 1986 年 3 月呢？是因為他的「心頭肉」在 1986 年 2 月份與一位女性結婚，當時「心頭肉」說祁家威是他這輩子最好的朋友。當對方結婚，幸福有所託付了，他才安心開始沒有後顧之憂地走上同志平權之路。

在訪談的時候，聽到他闡述這段故事時，現場的每個人都越聽越揪心，然而祁家威只是淡然地說：「這沒什麼，就是一個『刻在心裡的名字』而已。」

💗 家人欣然地接受同志身分

關於祁家威家庭出櫃的經過，大家也直呼不可思議！

祁家威 28 歲那一年，為了同性戀去病化、除汙名，而在 228 公園奔波，因為當時民風保守，大家都覺得愛滋病是不治之症。祁家威在家裡與另一位男士通電話，通話結束後，祁媽媽前來關心說：「是女友嗎？你剛剛說電話的樣子，很像和女友在通電話。」祁家威說：「是男生，以後我的老婆是男生。有需要帶回家來給妳看嗎？」祁媽媽停頓了一下，就說了一句「不用了」。

這一句「不用了」，其實是充滿了愛及接納的。祁家威進一步說，因為傳統異性戀結婚，都要雙方家長見面，談嫁妝、

▼ 2017 年「愛到彼岸」兩岸平
等婚權論壇（下右三祁家威、
下右二黃耀明、上右二盧凱
彤）（照片來源：張弘樑）

▲ 2019 年臺灣同志遊行
（照片來源：郭林貼）

▲ 為防治愛滋病於街上募款（照片來源：張弘樑）

禮數等問題，而媽媽對於他的對象是男生，並沒有反對，反而覺得非常省事，少了一樁事情。這句話背後，不是絕望，反而是接受以及支持。那時候祁家威的弟弟要結婚，需要準備很多繁瑣的事物，祁媽媽聽到他是同志，當下鬆了一口氣，覺得省下許多的麻煩。

隔天，祁爸爸應該是從祁媽媽那裡聽到了這件事，祁爸爸騎著腳踏車（當時他並沒有和家人一起住）來到他的住所，給了他兩張社教館提琴演奏會的票，酷酷地跟他說：「當同志要培養氣質，帶你的朋友一起去聽。」祁家威回憶起這一段與家人出櫃的過程，有點哭笑不得。他幽默地笑著說：「我爸爸實在太不了解我了，我本來就已經非常有氣質了。」

因為他的真誠、不隱藏、不做作，反而讓他的出櫃故事充滿了歡笑及喜悅，這也許是老天爺要給他這些正面經歷的經驗，讓他可以更有正面能量地來幫助更多同志朋友。

♥ 喜悅感恩的同志人生

每當人們請問他：「你是如何看待，自己這麼順利的出櫃經驗？」

祁家威說起了他的身世：祁家父祖都在福州長大，祁氏一門是旗人，因此祖籍在北京；而母親則是地道的上海千金，當時住在英國領事租界，因此抗戰時並沒有影響到母親受教育，

▲ 榮獲 2019 年度 GQ 風格人物

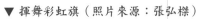

▼ 揮舞彩虹旗（照片來源：張弘樑）

▲ 同志活動（照片來源：張弘樑）

▼ 真愛婚禮（照片來源：朱吉

▲ 真愛婚禮（照片來源：朱吉米）

真愛婚禮
（照片來源：朱吉米）▶

也讓媽媽擁有流利外語的專長。來到台灣後，媽媽繼續唸北一女，但因為大陸淪陷，家中無法再供給她唸書，也中斷了北一女的學業。但因為外語流利，被聘請擔任外國領事館的總管家，因此媽媽的思想，也是非常的開放。

祁家威說，很多人說當同志很悲情，但是因為他的家庭教育，而造就他非常「平常心」，擁有正面真誠簡單的同志人生，只有喜悅及感恩，沒有悲情與黑暗。當同婚專法通過後，祁家威並不滿足，因為革命尚未成功，同志要為跨國同性婚姻，及領養子女權繼續發聲，為生而為人該有的平等權利而繼續奮鬥。從 1986 年開始，祁家威一個人四處尋找愛滋病感染者，在街頭為愛滋病募款，用家裡電話做熱線接同志諮詢電話，甚至受到牢獄之災，他也從不退縮讓步。為了彰顯公平正義，赴湯蹈火，在所不惜。

💜 肩負起守護亞洲第一的責任

問到祁家威在同婚平權 41 年的社會運動路上，他是帶著怎麼樣的心態，去面對所有發生的不順遂？祁家威強調：「我會做這件事是『上帝說要做的』。」一路走來沒有什麼喜怒哀樂，甚至提到入選《TIME》百大影響人物時，他也只是笑一笑說凡事「平常心」就好。這一切是上帝叫他做的，他就順應天命，他就不厭其煩地一路做下去。然而，祁家威從來就不是

▲ 2019 年 5 月 24 日台灣開放同志登記結婚
（照片來源：Aoi You）

▼ 充滿希望地站在高處揮舞彩虹旗
（照片來源：張弘樑）

為他自己而做，他說不分黨派、不分顏色，只要是為「台灣」，他就絕對做下去，他的榮耀是以「台灣之名」而驕傲。他略帶哽咽地說：「過去每一件因為性別身分得不到認同而產生的悲劇，我每看到一次、聽到一次，就跟自己說要再更快一點。同志結婚不是為了自己，我只是維護有一群被邊緣的人與生俱來該有的尊嚴而已。」

　　聽著祁家威這些年來，默默守護同志和台灣的心路歷程，我們的心不自覺地更有責任感，覺得應該一起守護這份得來不易的平權民主之果。現在只是開始，接下來應該將孤軍奮戰的同志運動，變成全台灣不分異同、共同守護的同誌運動。因為這一步，不僅僅是代表同志，更是代表全台灣 2300 萬人的自由民主之路，這一路走來並不容易，我們需要負起守護亞洲第一的責任，讓台灣成為真正的 No.1。當我們請祁家威為同志突破暗夜時代，為所有仍在奮鬥的每一份子祝福時，他說：「我們要繼續充滿希望，就算不是今天，不是明天，但終有一天，一定會來臨！」

02
愛很大 同誌新世界

李芯薇
帶領同志邁向同誌大同領導人

《我的紅樓不是夢》總召集人
愛之船啦啦時尚概念館 創辦人
中華世界光大計劃沁身靈協會 理事長

經歷

高中體育教師、先天易經主講師

2004 年創辦亞洲第一個女同志空間「愛之船啦啦時尚概念館」至今，
17 年來致力於發展同志專屬的同誌命相諮詢服務，已服務上萬名同志，
也培訓出數百位致力於同志沁身靈成長的同誌命相諮詢療癒師，每一次
的同志遊行，都會看到這些同誌命相諮詢治療師的身影。

著作

《你就是光 靈性脈輪禪繞的力量》、《內在之光 靈性脈輪曼陀羅光輪
卡》、《祕在之光 21 天沁輪脈輪曼陀羅的旅程》

專長

生活風格藝術家、藝術療癒、同誌命相、沁身靈課程帶領者、師資培訓

座右銘

永遠相信自己，你就是光。

▼ 與同志婚姻之父祁家威老師（中）在愛之船（左一）

❤️ 上帝愛所有的人　沒有分別

「你知道水瓶座的特質是人道主義者，有博愛的精神嗎？」對於一個國小二年級的小女孩，人道主義及博愛就這樣深深地烙印在她內心之中。人道主義及博愛，對於當時還是小女孩的我著實是很艱深的字詞，我記得我還跑去問班導師，這兩個詞彙是什麼意思？班導師告訴我說：「就像上帝愛所有的人，沒有分別，還要對弱勢、不正義等狀況出聲捍衛，要友善所有的人。」當時的我，聽完時依舊是一知半解，似懂非懂。

但也許是自己認同了這個特質，在未來求學時，也潛移默化地展現出大姐頭般的性格，仗義執言，喜愛交朋友。記得在國小畢業成績單上，師長給出的評語是──「仗義執言，熱心公益。過於好動，應多專注課業。」這個評價也反映出我常常天馬行空的理想性格，對於公益事項總是充滿行動力，而對於體制內的許多主流價值又往往適應不良。

「博愛」這個特質，也是我在自我認同上很重要的本質。我天生對於許多世俗認可的標籤，似乎都有免疫力。我不會因為想要討好師長，就刻意成為乖寶寶。也不會想要被同儕認同，就趨炎附勢、阿諛奉承。因此，在求學的過程中，常常不受歡迎被排擠，也因為對於不合理的事情，會有意見地提出疑問，讓師長非常頭痛。「適應不良」成為我求學生涯中苦悶的註腳。

▲ 永遠都要相信自己內在之光的美好

與妹妹一起創造更多的生命能量，為同誌世界一起努力。▶

💚 常被冠上「壞學生」的標籤

我自認自己從來沒有性別刻板印象的限制。從小就非常不喜歡穿裙子，對於女孩子所喜歡的粉紅色也非常厭惡，再加上活潑好動，運動神經特別發達，在跑步、游泳這些不需要團隊合作的項目，都有好的表現成績，活脫脫就像是一個小男生。媽媽總對我說：「妳是一個女生，可不可以不要那麼粗魯，動作小一點、輕一點。」

但我總喜歡跟男生玩在一起，不是因為異性相吸，而是我受不了跟女生玩扮家家酒，我喜歡跟男生跑來跑去，追來追去，一起去搗蛋探險。跟男生在一起像哥兒們，直來直往，稱兄道弟，跟女生在一起說八卦好無聊。

但也因為這樣，媽媽常被學校老師約談，甚至還有老師請媽媽要嚴加管教我，因為常常跟男生玩，這樣的行為很不正常，以後男女關係會很複雜。

天呀！我才小學五年級，根本沒有任何男女有別的想法，這些沒有「人道主義」及「博愛」的教條，讓我在求學生涯中，常常被冠上「壞學生」的標籤。

我的天賦展現在需要創造力及想像力的項目，例如繪畫、作文等藝文科目，常是比賽常勝軍，曾拿過桃園市婦女寫作比賽第二名。這些非主流的課業項目我表現優良，但回到課業考試上的表現卻差強人意。

▲ 愛很大，同誌世界新紀元即將開始。

期望帶領更多的同誌
一起迎向光 ▶

▲ 社會性別平等公益演講

　　我認為最重要的原因是，我對於教條權威的教育體制，充滿了對抗叛逆，自然對於學習也提不起興趣。

💜 沒有恐同症　不大驚小怪

　　成長路上的跌跌撞撞，造就了異於常人想法的我。憑藉體育及藝術的專長，幸運地進入國立體育大學就讀。第一次認識了許多同志朋友，對於同志，我從內在完全不排斥，非常自然地與大家成為好朋友。

　　對於我來說——同志，就像我交男朋友一樣，都是談戀愛，只是喜歡的對象不是異性，而是同性的差異罷了。我沒有像當時有一些同學的恐同症，言談行為大驚小怪，大家都是一樣上課、考試、打工，努力地找尋自己的生命價值，為自己的未來奮鬥努力。

▲ 同誌沁身靈療癒專書，第一本著作《你就是光》。

《內在之光 靈性脈輪曼陀羅光輪卡》新書簽名會（右）▶

大學時，同寢室的女同學是我的哥兒們，她是北體籃球隊明星，非常高挑、帥氣，超多學妹暗戀她！常常有人託我拿情書、禮物給她，託她的福，我們的大學生活從不缺早點及零食。我常跟她一起說笑談天，同進同出，分享感情生活。那時候她與一位舞蹈系的學姐交往，她非常癡情地守護學姐，但學姐卻不想承認她們的關係，擔心外界眼光及師長的想法。

她們的愛情故事，真的可以媲美羅密歐與茱麗葉的戀情。後來學姐的父母親發現她們的關係，強力介入將學姐送到美國留學，硬生生地拆散她們。我看著原本開朗自信的她，變得自暴自棄、生活一團亂，非常的痛苦，讓我很心疼。這是我第一次對同性之愛，有深刻的體會及想法。

❤ 教練 謝謝妳救了我

研究所畢業後，我曾短暫到高中擔任體育老師，訓練高中的游泳校隊。高中男孩正值青春期，賀爾蒙旺盛，血氣方剛。在校隊中有位男同學，因為動作舉止很溫柔，說話輕聲細語，常常成為同隊男生霸凌欺負的對象，他們會用言語恐嚇威脅，罵他是娘娘腔、死玻璃等不堪的字眼，甚至對他做出一些不雅的動作。

當我發現這種狀況時，便請他協助我做些隊上文書事務，盡量不要讓他跟隊上同儕獨處。我也會在隊上營造尊重、平

▲ 同志沁身靈成長課程

▼ 生命力由自我認同開始，
　生命之光啟發講座。

▲ 中華世界領導人協會主講師

等、將心比心的團隊動能，製造合作，促進了解的機會。在一次團隊接力賽上，他展現了蛙泳的超強實力，帶領團隊贏下區運會獎牌。

從此以後，同隊當中再沒有人會霸凌或欺負他，雖然他依舊沒有陽剛特質，但是反而更坦率地做自己，大家也都接納他為團隊一份子，是好隊友亦是好弟兄。甚至當有外人欺負他時，大家會發揮同胞愛，比他自己更生氣地站出來保護他。

我記得，當我要離開學校時，這位男同學哭紅了眼睛，抱著我說：「教練，謝謝妳救了我！如果妳當時沒有給我這麼多支持鼓勵，我可能早已經轉學，甚至結束自己的生命。」當時的我並沒有想到他是多麼的絕望，只是相信身為教練的我，要喚起大家對於每一個人的尊重及平權。

當我願意站出來，教導更多人，帶動更多人有健康的態度，學習尊重與自己不一樣的性別性向，便會讓更多的生命，得到正面的支持。

💚 無可救藥的阿 Q 水瓶座

離開學校後，在 2004 年春天，我於台大公館羅斯福路的巷弄內，與妹妹開始經營一個空間，這個空間是全亞洲第一個女同志生活概念館，取名為「愛之船啦啦時尚概念館」，是專注於女性自主權及沁身靈成長的空間。

▲ 2004 年創立亞洲第一間女同志生活美學空間「愛之船啦啦時尚概念館」

　　17 年來，愛之船不僅僅販售商品，提供最多的是性別認同、性向探索及同志身分適應相關家庭、社會、愛情、心理健康等議題的諮詢服務，而獨特的性別認同屬性，形成了同誌專屬的命相服務。

　　在這 17 年中，伴隨著台灣同志社會運動的開放歷程，從不斷吶喊著尊重多元性別平權，實施校園內性別平權的教育工作；到同志婚姻合法化。「愛之船啦拉時尚概念館」見證了成千上萬的同志朋友，從黑暗憂鬱的封閉中走出來，許許多多的生命故事都讓我非常揪心！

　　從沒有明天、沒有認同的孤單感，走向勇敢認識自己的認同感，看到越來越多異性戀的父母、家庭、學校教師、社會職場對於同志的接納以及敞開，甚至許多父母親會為小孩是同志傾向的課題，來找我們諮詢、尋求協助，希望了解如何幫助並

▲ 藝術療癒以及引導同誌內在自我探
索、情緒療癒,是我未來繼續努力的
方向。

把光帶到每個人的心中,
是我不斷努力的信念。 ▶

支持他們的孩子。這些案例事件，都是支持我不斷努力，讓這一個空間繼續存在的原因。

走過同性戀被誤解為病態的黑暗幽谷，進入同志平權的現代進行式，最終迎向同志大同化的無分別，這是我如今專注努力的議題，「愛之船啦啦時尚概念館」也會繼續地朝這樣的目標邁進！

我們生來都是平等的，無需專法來同意我們的平等，我們每一個人的內在只需要更明亮，就能相信自己存在的意義。就如佛陀所說：「無分別心。」就如耶穌所說：「神愛世人。」也許這就是我天生樂觀，富有人道主義及博愛精神，無可救藥的阿Q水瓶座特質吧！

革命尚未成功，同志們仍需繼續努力，讓我們一起在台灣這片充滿奇蹟力量的土地上，大力搖動彩虹旗，朝向世界同誌大同的終極關懷目標邁進。

03
諸法萬象　皆是體驗

蔡俊彬
台灣同志身分新生代導演

台灣導演、編劇

經歷

國立台灣藝術大學電影碩士，曾入選香港電影節新導演、中國金雞百花電影節新翼導演，熱衷於實驗嶄新影像語言與叙事方法，創作主題常探索一體多面的人性、當代社會焦慮、人與生活環境的衝突。

作品

電視電影《殘值》／編劇（入圍第 55 屆電視金鐘獎：最佳電視電影、最佳編劇、最佳男主角、最佳男配角、最佳女配角、最佳剪輯、最佳燈光）

短片《運轉法則》／導演（第 12 屆西寧 FIRST 青年電影展最佳劇情短片、第 40 屆金穗獎一般組劇情片優等獎、2018 重慶青年電影展評審團特別提及獎、第 9 屆杭州青年影像計畫金荷獎競賽單元最佳剪輯、2018 華時代全球短片節劇情單元入圍、2018 南方影展全球華人影片競賽單元入圍、2020 海峽兩岸青年短片季競賽單元入圍）

電影劇本《盜鳥賊》／編劇（獲選台灣華文原創故事編劇駐市計畫獎助、2018 奧普傳媒中國好萊塢劇本大賽入圍）

電影劇本《C 級老爸》／導演（台灣唯一入選北京合一影業與香港電影節共同舉辦之早鳥新導演啟航計畫）

座右銘

降身地球，何等幸運，諸法萬象，皆是體驗。

▼ 《運轉法則》榮獲最佳劇情短片

（口述／蔡俊彬；文字整理／黃敏怡）

對愛的啟蒙時代

　　蔡俊彬是台灣的新生代導演，對於本身是同志的身分，一直都保持開放的態度。在他 15 歲那一年，就很確定自己對於同性的愛。他形容那是一個不早也不晚的年紀，而之前也有與女生交往過。

　　他說那一段兩小無猜且短暫的戀情，是青澀又不成熟的，如今回頭去看，彷彿只是兩個好朋友，一起打打鬧鬧的小時光，還真的談不上戀愛。然而，就在 15 歲的性向啟蒙時期，他對於同性產生了特別的感受，那是跨越朋友之間的，心會若有所思，有所情竇初開的慾望，這一切都從未發生在他與異性之間。

　　今年，蔡俊彬正步入不惑之年，回頭看二十年前的台灣社會，尤其是南部，認為同志是一種禁忌，當時的社會環境是保守、嚴肅的，對於同志的看法是糟糕的。

　　談起一段往事，蔡俊彬如今依然歷歷在目，他說當時最好的朋友，很慎重地跟他說：「俊彬，如果哪一天你喜歡男人，變成同志，那麼我們兩個就不再是朋友，我不會再跟你聊天。」這件事，對他影響深遠，雖說不上心痛，但也從此讓他意識到，在當時人們的眼中對於同志的不友善。

　　他說，也不能怪朋友當時的言語犀利無情。人類本來就會

對於自己不懂的事情產生懼怕，
對於懼怕的事情，一般都會採取
不接受的態度。

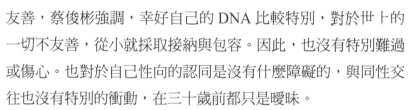

 戀愛無關性別
只是緣分與時機

　　對於當時社會看待同志的不
友善，蔡俊彬強調，幸好自己的 DNA 比較特別，對於世上的
一切不友善，從小就採取接納與包容。因此，也沒有特別難過
或傷心。也對於自己性向的認同是沒有什麼障礙的，與同性交
往也沒有特別的衝動，在三十歲前都只是曖昧。

　　蔡俊彬在 16 歲時，與女生談戀愛，交往時間將近 10 年。
但感覺就是淡如水，很稀鬆平常，戀情也隨著長期分隔兩地而
畫上句號。

　　他淺笑說：「有時候，男女生談戀愛，不是性別問題，而
是時機與緣分的狀態，青少年的腦袋是不受限制的。」也在同
一時間，他開始真正地與同性交往。

　　蔡俊彬說自己是從最早期的 UT 聊天室，去接觸同志的區
塊，在裡頭遇到投緣的人，開始接觸與交往。然而，在他三十
歲以前，他覺得自己的生活與思維，都是和一般人一樣的。

▲ 在武漢黃鶴樓題字

▼ 頒獎典禮現場

💬 每天打坐體會生命奧妙

國立台灣藝術大學電影碩士，曾入選香港電影節新導演、中國金雞百花電影節新翼導演的蔡俊彬，熱衷於實驗嶄新影像的語言與敘事方法，創作主題常探索一體多面的人性、當代社會焦慮、人與生活環境的衝突。

在看見宇宙觀與更內在的一切之前，他的生活就是讀書和拍片，根本沒有多餘的時間去想別的事。自從認識了一位朋友之後，才讓蔡俊彬腦洞大開。

之前對於世界觀是沒神也沒鬼，人才是最重要的。人只是一個物質，地球存在了很久，才開始有人類出現，還沒有人之前，一切都是沒有的。之後，他開始了解宏觀的宇宙概念，才發現原來以前自己的想法是多麼渺小侷限。

宇宙是有一股能量存在的，而來到地球的一切，他稱之為「宇宙碎片」。在探究道家與佛家的時候，蔡俊彬更能深刻體會，生命的一切都是來自宇宙。人也就是宇宙之間的一股能量，在體會了這個道理後，他發現對於很多事情都能多一份包容之心。

而在真正明白世界大道的道理後，人不只是因為性向而被稱為同志，更重要的是誌同道合。當自己從同志，提昇到「同誌」時，身心靈的狀態也就不同了。

在這十年的摸索與修煉，他體會出「降身地球，何等幸運，

諸法萬象，皆是體驗」。因此，他的作品走向也有所更改。從人心、人性出發，讓影像創作能給予別人更多體會。蔡俊彬說這一切也是透過他每天打坐，漸漸讓自己的心靜下來，這才開始感受到自己的身、心和靈原來會處於不同狀態，生命真的很奧妙！

同志與同誌間的緣分最重要

《運轉法則》這部作品，蔡俊彬就是從體悟中產生的。關於人與人之間的情感，其實不是什麼大道理，真正的師父不是叫你遠離塵世，而是要你真正面對自己的七情六慾。

《運轉法則》的故事是關於一個和尚，他毅然決然出家後，相依為命的母親是不諒解與迴避的。關於出家要遠離世俗的一切去修行，這個想法本身沒有錯，只是觀念太侷限了。

因為真正的修行是在修煉自己的心性，人因為有很多慾望，所以一開始才需要有戒律去規範，但一切都是借假修真。如果沒有去參透，久了就不是宗教真正的精神，反而本末倒置。當你真正去處理自己的情感，那才是真實的。

蔡俊彬覺得人與人之間，同志與同誌之間，最重要的就是緣分。人出生在地球，遇到好的、壞的事情，都是一種體驗，誌同道合，才能在地球上有意義。

關於自己同志的身分，對於家庭、家人，他都是採取包容

▲ 作品《運轉法則》

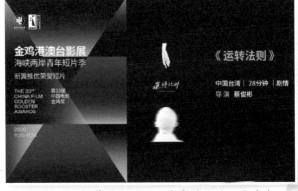

▲ 《運轉法則》榮獲金雞港澳台影展海峽兩岸青年短片
季新翼推優榮譽短片

的態度。他不刻意去提及什麼，但平時在談話內容中，都會釋放一些「信息」讓家人知道。

他強調目前最想做的與未來的理想，就是致力於宗教轉型，為下一個世紀的宗教多做一些，因此他最近都在從事與宗教有關的企劃和活動。概念是把古代的轉成現代的，如何讓以前的宗教與當今人們共存。

♥ 愛本來就是一樣的　不分男女

用自然科學的角度重新審視，就像是以前人們相信神住在雲上，而現在則是存在不同維度裡。

蔡俊彬想要帶動宗教意識崛起，把宗教內涵提昇，否則最後也會被淘汰。蔡俊彬相信無形的力量是存在的，古代有古代的包裝，現在要有新的推廣，因為人類脆弱的心，需要有宗教的慰藉，因此宗教不能消失。他希望可以把這些好的文化，繼續傳承下去。

對於台灣同婚落實，蔡俊彬說：「站在世界與社會的立場而言，確實是人類重要的一步。但我的生活照常，並沒有太大的改變，因為我對於婚姻保持淡然的態度。同婚合法是讓生命與生命之間，有更多的包容與平等。因為愛本來就是一樣的，不分男女，不分你我。」

藉由蔡俊彬真實的故事，我們認識了舊時代台灣，對於同

▲ 影片映後座談（照片來源：2018 南方影展）

▲ 影片映後座談（照片來源：2018 南方影展）

▲ 榮獲第 12 屆西寧 FIRST 青年電影展
最佳劇情短片

2017 年 10 月於華山藝文中心
「找回天真」活動（左）▶

志的不佳印象，還有當時民風封閉保守的負面狀態。經過了漫長歲月的洗禮，如今大眾對同志的看法大不同，這一切都是彌足珍貴的。

　　他表示，人要如實地活出自己，是非常重要的。同志不只是男生愛男生、女生愛女生，而是男男女女，都要找到屬於自己此生的真愛，活出有意義的生命價值。廣納不一樣的人事物，世界便會因此變得更有愛！

04
同誌伴侶
等於兩個宇宙的圓滿

Olivia Wu
西門紅樓光計劃負責人

平權實踐者、生命藝術家

經歷

Light Program Red House 光計劃紅樓　共同創辦人
Asia Rainbow Ride 亞洲彩虹騎行　共同創辦人
愛佈達•萊福心靈文創國際網站　企劃總監
Love Boat Shop 愛之船啦啦時尚概念館　國際行銷經理

專長

易經、生命藍圖工程、企業顧問、能量美學、宇宙能量刀與光療
沁輪脈輪藝術療癒、禪修、主講師

座右銘

協調是最好的領導，溝通是最好的統禦。

▼ 2019 年 11 月參加弟弟在美國加州的婚禮，與家人合照

我是一位來自洛杉磯的美國華僑，對於自己同志身分的理解不是與生俱來的，而是在生長過程中，發現自己與其他人有一些不一樣的地方。國小的時候就會覺得班上有些女生很可愛，但也沒有覺得這有哪裡不一樣，只是很單純的喜歡。

💙 勇敢寫紙條給媽媽 「I am gay」

我對於自己外表的展現方式是短髮與中性服裝，但我身旁的女同學並非如此，因此我開始會自我懷疑：「什麼才是對的樣子？」但別人給我定義的樣子，又讓我不舒服跟不快樂。

中學時期，當身邊的朋友開始交男女朋友，我才慢慢發現自己的不一樣，也會感到很困擾，因為自己內心所想像的感情，並不是同學間常見的感情。「我到底該是什麼樣子呢？」這個問題時常在我腦海中，也讓我很在意別人怎麼看我。

讀書時期，我的成績都還不錯。除了參加很多校外活動外，我最享受的娛樂是，花一天的下午讀一本書、嗑兩顆紅蘋果。有一天跟媽媽聊天時，我勇敢地跟媽媽出櫃。我遞給她一張便條紙，上面寫著「I am gay」。媽媽收到後就說，她要跟爸爸討論一下。

之後這件事情，就開始在我的父母之間成了一個知道但不知道該怎麼談論的事情。我不知是如何有這樣的勇氣，或許只

是不希望一直戴著假面具，面對我所愛的家人。我從認知身分到接受自己，甚至出櫃，已經歷過幾年的反覆內化。

但自己的出櫃，同時代表著我的家庭也要接受我的出櫃，變成家人也進了櫃子裡。出櫃的折騰，其實是來自於出櫃之前，對於未知的恐懼，出櫃後生活還是要繼續。可能家人早就知道自己的秘密了，但我自己還是忐忑不安了許久。

💜 驚動 5 台警車勸架

高中時期我談了一場轟轟烈烈的戀愛，當時的我覺得自己一定要奮不顧身地保護這段感情。甚至有一次我們把車停在停車場，在車子裡吵架時，被兩個陌生外國男子，各從兩邊把門打開，將我們拉出車外，他們為了勸架還報警。不久後，我們就被 5 台警車跟機車包圍。這時候我們被分別帶去問話，警察問我是否要申訴，面對這個狀況，當時我的腦袋就空了。

沒想到警察還說，如果不跟他說實話，就要去警察局，然後要我坐在警車裡想一下。坐警車真的是很不舒服，也很可怕！過沒多久我就跟警察說我們是一對情侶，因為小事吵架，

我們還在讀書，沒有要申訴，警察就將我放了，讓我去上課。幾個小時之後，警察又再到學校去找我，確定我有沒有真的去上學。

在美國，當我跟同性女友牽手走在一起時，有些路人會說一些挑釁的話，像是：「Oh, you guys are lesbians.」我都會不理睬地走掉。我當時的女友則會反嗆回去：「what you guys talking about？」

我們一起面對了別人指指點點跟異樣的眼光，這當中還包含了升學壓力，這一切都讓彼此愛得非常痛苦！當時的我們一起規劃有彼此的未來，雖然有夢想是件好事，但現實卻充滿了挑戰。

💚 沒有人在乎你是同志

就在此時，我收到了夢寐以求的大學錄取函，我進了UCLA（University of California, Los Angeles，加州大學洛杉磯分校），但很可惜我的伴侶沒被錄取。這讓當時的我又陷入了困難的抉擇，當中包含家人的期待，以及我們說好要在新的學校中一起生活的夢想。我們一直吵到要寄出入學確認通知單的最後一天，這張單子在吵架中被撕掉，又被貼回去。一直到郵局要下班的前幾分鐘，我才將信件寄了出去。

我聽著自己內在的聲音，排除了家人與伴侶的想法，決定

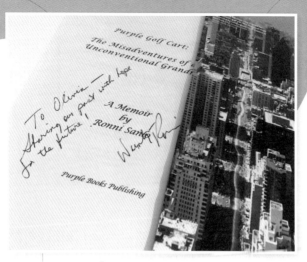

▲ Ronni Sanlo 建立了美國 Lavender Graduation，一個支持 LGBTQ+ 與盟友的畢業生榮耀結業儀式，也是我就讀 UCLA 時的 LGBT 中心主任。很喜歡她寫的這句話：「Sharing our past with hope for the future！」

在台北自由廣場享受夕陽 ▶

▲ 2018 年 2 月跟家人在加拿大白馬鎮住蒙古包、追極光

進入自己夢寐以求的學校。因為這個決定，宇宙好像幫我打開了一扇通往世界的大門。

這所學校中有同志報社、同志中心，也有同志的輔導員。最重要的是，沒有人在乎你是同志，也沒有人批判你是誰？你是什麼種族？什麼性別認同？甚至來自什麼背景？我在友善的校園裡，結交很多元的朋友，並在開放的環境下更加認識自己。後來我跟當時的女友分手了，開始認識新的好朋友。就在一切彷彿很美好時，人生的抉擇又到來了，那就是──「畢業後的我要做什麼？我要做藝術家？研究家？醫生？」

因為除了事業上的嘗試，我也想看看這個世界。於是我跟一位朋友結伴，買了單程機票前往法國巴黎，然後在歐洲流浪了一個月，去了七個國家。在歐洲旅行時，憑著靈感自由自在，想去哪裡就去哪裡。

♥ 宇宙聽到了我的呼喚

　　回國後，我評估跟嘗試了所有當下的選擇後，覺得那些都不是我想要的。此時，我彷彿要在世界中尋找自我、定位自己，我開始對學校感到厭煩。畢業後我與朋友開了兩家公司，分別是服飾跟投資理財公司，但一切生活都讓我感到窒息。

　　身邊的同學都紛紛找到工作，但我還是不知道自己為什麼會感到莫名空虛。我媽媽看著我一直在尋找，建議我可以了解易經。因此，我去美國書店買了一本英文的《IChing-Book of Change》，翻開第一頁看到「爻」的解說後，我就把這本書擱在我車內，至今還未找到它。那時的我很想離開洛杉磯，到另一個全新的環境。正好當時有一位朋友剛從台灣回到美國，結束了師範大學的中文語言課程。於是我決定採用入學的方式，申請到台灣學中文並開啟新的生活。

▲ 2020 年 10 月 VICE 採訪光計劃紅樓的先天易經（照片來源：Clarissa Wei）

　　來到台灣後，不同的文化跟環境，讓我重新發現了自己。有一天我去了台灣的同志 Party，活動中認識了改變生命的機緣。我在 Party 的熱

▲ 2020 年 6 月參加 Taiwan Pride for the World

2019 年 10 月參加 Art Taipei 與藝術家 吳宗柏作品合照 ▶

▲ 2020 年 8 月光計劃於西門紅樓開幕

鬧中，認識了讓我陷入愛情的對象。戀愛有一種魔力，可以讓人奮不顧身，但心靈上的空虛還是存在。

就在我快回美國時，我接觸了先天易經，並決定修習易經。在感情跟心靈上，我決定突破社會框架，回美國結束兩家公司，搬到台灣並決定落地生根。我竟能同時找到愛情和心靈上的豐盛，宇宙終於聽到了我的呼喚！

🖤 如夢幻泡影　如露亦如電

找很認真地用功聽話，努力跟建造，深怕有一個閃失一切都會破滅。人與人在一起的時間都是美好的，但還是有很多無法溝通的地方。就如同《金剛經》中有一段提到：「一切有為法，如夢幻泡影，如露亦如電，應作如是觀。」

一切努力架構的，包含關係、表現、成就，甚至修煉，都抵不上一個瞬間的微妙變化。就在那時，我的感情產生了疏離，這也讓我開始懷疑自己的選擇。戒律、修習、學問在義理上也如幻影般，而我又再次陷入了人生的困惑當中。

大約有兩年的時間，我的身體時常出問題，感冒、生病、疹子爆發，或是莫名的尾椎發炎。為了找到療癒的方式，我上了很多身心靈課程，似乎是想找到一個答案，明白當中的原因，但每一堂課指向的都是更多的療癒以及時間。

當我們在低落的時候，總是希望某一種力量來帶我們解脫

痛苦，但這種痛苦是原本就存在於自己內心的，只是靠這些事件來讓自己發現。

靈魂結婚生生世世

所以幸福是自己要去耕耘的，要不斷地一起突破種種問題。就像我跟我現在的伴侶，我們是住在台灣的跨國伴侶，所以她剛來台灣時，每個月都要出境，這是很大的經濟負擔。一開始我也會很著急，伴侶的壓力也很大，擔心害怕這樣的我們要怎麼在一起。

最後，我只能用心聆聽與溝通陪伴她。她希望我支持她，而不是一直擔心煩惱、加深壓力。感情的升溫跟心的距離，並不是靠著某種外在的力量讓一切美滿，而是一起面對、破除問題和挑戰。

去年，我有機會帶伴侶回到美國參加我弟弟的婚禮，婚禮中我也介紹我的伴侶給美國的親友們認識。在這場婚禮中，讓我們起了想要結婚的念頭，但我們想要的是靈魂上的結婚，而不只是公證的證明。我們也在 2019 年 12 月 25 日靈性結婚。

我與我的伴侶相互成長跟扶持，在台北西門開了一個結合多元沁身靈療癒的空間。當我開始與家人敞開時，我與家人的關係也變得更和諧。我更希望將自己內在成長中的發現分享給更多人，開創多元且獨特的體會，於是開始投入社區、藝術、

▲ 2019 年 1 月參與 The Identity Project，此照片也刊出於 Taipei Times。（照片來源： Sarah Deragon）

▼ 2018 年 2 月跟家人在滿天雪地的加拿大白馬鎮合照

文創、平權、社群等共創計畫。

2019 年台灣同志婚姻合法，這是一個讓人等待已久的日子。那天的我一如往常到工作室，服務個案、吃飯、睡覺，與平時不同的只是多買了幾份報紙做紀念。社會進步的一小步，背後是全世界 LGBTQ+ 與盟友們默默守護跟蛻變的一大步。

當時我的父母從美國傳了台灣同婚通過的新聞給我，從他們的舉動中我感受到溫柔。這份禮物如此的美麗，但也是如此的脆弱。社會的挑戰、同志的出櫃歷程、自我探索、家庭壓力，這一切都不會因為婚姻平權而馬上改變。我與我的伴侶也在努力讓更多人能理解跨國伴侶的處境，期盼台灣的婚姻平權也可以涵蓋跨國伴侶跟同性伴侶收養的權益。2020 年我也與美國、上海、馬來西亞、新加坡共 6 位夥伴舉辦了亞洲彩虹騎行，為亞洲的同志議題發聲。

個人立、家庭合、事業興、社會平，沒有一步是有捷徑的，需要經歷種種蛻變才能真正看見自己。同志的身分，是浩瀚的星宿宇宙間顯化在地球上的一條自我發現之路。從混沌、無知、探索、觀察、發現、覺知、安定、療癒、突破、和解到圓滿。

一個人是一個小宇宙，一個人的生命延伸到社會是一個中宇宙，一對伴侶、兩人相伴等於兩個宇宙的圓滿。從同志進入誌同道合的同誌，到同心協力的同沁，共同創造生命的豐盛，這是個很浪漫的夢，是吧！（感謝吳懿芳協助潤稿）

▲ 2020 年 10 月亞洲彩虹騎行

2020 年 10 月亞洲彩虹
騎行於台北西門紅樓出
發，開啟首屆公益騎行
活動。▶

▲ 2020 年與亞洲彩虹騎行共同創辦人在台北
　小小蔬房

05
我有兩個媽媽

Lisa Dazols & Jennifer Dazols

社會企業家

經歷

Modern Family Finance 創辦人

Asia Rainbow Ride 亞洲彩虹騎行　共同創辦人

《全球 LGBT 人士的生活是這樣的》TED 演講

《Out & Around》紀錄片

專長

旅遊、使命感工作、LGBT 家庭教育

座右銘

普通人也能創造非凡。

▼ 2013 年 7 月在舊金山市政府前跳躍慶祝結婚

（英文文字／Lisa Dazols；中文翻譯／Eve Teo、Olivia Wu）

我們相信「愛」！

2007 年，我與太太 (Jennifer Chang) 在 AIDS/LifeCycle 認識，這是一場為期 7 天的騎行，由舊金山出發至洛杉磯，為 HIV 與愛滋募款。我們在舊金山戀愛，並在這個再適合不過的城市，開啟了新的生活。

💜 在加州舊金山戀愛與結婚

這一切說起來容易，但活在泡泡的世界中，並沒想像中的容易。

Jennifer 來自美國伊利諾州，父母是台北人，畢業於密蘇里州的聖路易斯華盛頓大學經濟系。後來 Jennifer 搬到舊金山灣區，我們因此認識。而我的母親是菲律賓籍，父親是法義血統的美國人，自己曾在伯克利加利福尼亞大學主修社會工作研究所。

2006 年，Jennifer 初次向父母出櫃時，他們當下的反應認為，公開的同志生活是一個西方概念，若不曾離開台灣就不會如此。相較之下，我的家人更能接受我們的關係，但我們仍然希望 Jennifer 的父母承認我們是一對。而這些年來，Jennifer 發現父母在包容與接受上，做出了很大的嘗試。

▲ 2008 年在加州舊金山首次一起上街參加抗議

　　2012 年，在某個約會的晚上，我們決定辦理伴侶登記，以享有法律的保障。原以為的複雜程序其實出乎意料的簡單，我只下載了一份一頁的表格，無需證婚人，無需儀式，只有一個確認各自身分的公證處。

　　在加州，我們很幸運享有這一頁文件給予我們的幾乎所有婚姻上的法律權利。在郵政中心，是一位二十出頭的小伙子 Jesus Gamez，替我們主持公證。這讓我們忍不住想像，Jennifer 虔誠的母親若知道是 Jesus（耶穌）在祝福我們神聖的結合，不知道會作何感想呢？

人人都需要婚姻平權

　　這整段非浪漫的流程加深了我的信念，婚姻平權是人人都需要的。在美國婚姻平權合法化前，這個程序幾乎像是辦理護

照申請一樣簡單，沒有誓願、證婚人與親吻。合法伴侶登記是個重要的里程碑，但還是少了婚姻的神聖感。

而這份神聖感，也是反對派想極力阻擋的。我們在非正式的婚禮與朋友的聚會裡，創造屬於我們的神聖感。但在 2012 年之前的美國政府眼裡，更重要的是在美國社會眼裡，我們的結合仍與異性婚姻不同。

對生命的掙扎、尋找希望與幸福促使我們環遊世界，去找尋世界各地的「超級同志」、在世界上創造非凡的 LGBT 人士，以及旅途中的精彩故事。我們辭了工作，開始為期一年的環遊世界之旅，到訪許多 LGBT 運動剛起步的國家。目標是找尋那些勇敢為同志權益發聲的戰士們，並訴說他們的故事。《Out & Around》紀錄片因此而誕生，它紀錄了來自世界各地同志平權運動的人物故事。

我們找到了全球各地引領男同性戀、女同性戀、雙性戀、跨性別平權推動的人。在沒有任何報導、拍攝的專業背景下，我們買了錄影機，還有關於拍攝紀錄片的書及 DVD，開始了有趣的旅程。

💜 我為坦尚尼亞人插下了彩虹旗

為了進行有意義的對談，我們憑著西班牙語及中文選擇到訪的國家，參訪的幾乎都是發展中國家，及具有人脈關係的地

◀ 2015 年舊金山卡斯楚劇
院《Out & Around》紀
錄片放映會

▲ 2015 年加州聖路易斯《Out & Around》紀錄片
首映會

區。途中到了澳洲、菲律賓與台灣探親。在這個橫跨了非洲、亞洲、太平洋、南美洲的 15 個國家名單中，包含了印度第一位公開出櫃的王子，與首個通過婚姻平權的拉丁美洲國家──阿根廷。

旅程中有許多令人感到不舒服的時刻，像在坦尚尼亞，同性關係是觸犯法律的，最高刑罰是終身監禁，這也是名單中唯一一個受訪者沒辦法參與拍攝的國家。影片一開始，我們在吉力馬札羅山揭開序幕，我為坦尚尼亞人插下了彩虹旗。大多數的同志們，沒有像我們在舊金山一樣擁有的自由，所以我們想對同志朋友們說：「我們與你在一起！我們在這，我們愛你，我們是你的 LGBT 家人。」

我們訪問了在知名美國脫口秀主持人歐普拉節目上，公開出櫃的曼文德拉王子，還有對抗東非宗教性恐同的牧師 Michael Kimindu，也與尼泊爾跨性別積極份子 Bhumika Shrestha 探討尼泊爾最高法院，對於變性識別證與同志婚姻的判讀。

肯亞第一位參選市政會的男同志 David Kuria 說：「唯有合適的觀測架構，才能創造永久的效應。」這些國家的節奏也會對其他國家產生連鎖反應，一同創造平權的環境。越來越多人開始過著出櫃的生活，LGBT 的聲音越來越大，我們明白愛終究會勝出。

▲ 2020 年 12 月《Out & Around》紀錄片在 YouTube 全球免費上映

2016 年 Lisa 與女兒
Charlie 於舊金山 ▶

▲ 2013 年 7 月我們很開心能正式結婚

💜 實現有兒有女的彩虹家庭

2013 年 6 月 8 日，我和 Jennifer 在加州，在新通過的婚姻平權法案下舉行了正式婚禮，我終於把口中說的「伴侶」改為「太太」。雖然 Jennifer 的父母依然決定不出席，但還是有 180 位家人、朋友們，真心為我們的愛與神聖的結合慶祝。

婚後，我們的生活重心轉向組成家庭（生小孩），這個過程對所有 LGBT 家庭都是非常複雜與昂貴的。很慶幸，舊金山的醫療環境能提供女同志良好的醫療服務。太太透過人工受孕順利產下我們的兩個孩子，而我們為女兒與兒子取了中性的名字——Charlie 和 Jesse，希望鼓勵孩子跳脫社會傳統的性別框架。

組成一家四口是我們一直以來的夢想，這個新組成使我們有力量不斷為同志發聲。女兒經常被問到家庭成員有誰，她會

▲ 2016 年 3 月女兒 Charlie 於舊
金山誕生

2018 年 12 月加州
聖路易斯奧比斯波縣 ▶

▲ 2018 年 12 月加州聖路易斯奧比斯波縣

◀ 2018 年 6 月 Charlie 於
　瑞士等待著弟弟的到來

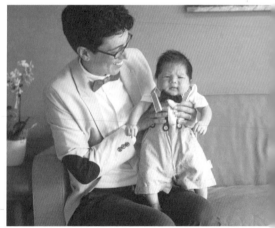

▲ 2018 年 8 月 Lisa 與兒子 Jesse 於瑞士

回答:「我沒有爸爸,我有兩個媽媽。」而我們也常常要在診所、學校、遊樂場對異性父母出櫃。

孩子的誕生,幫助了太太的父母開始了解我與 Jennifer 對彼此的真愛與承諾。他們的諒解得來不易,直到他們完全接受還有一段路要走。但最終,他們還是希望抱孫子。我有自信孩子們可以得到足夠的愛,因為有很多人像我家人一樣愛他們。像是我們的 LGBT 家人,當中有孩子的乾爹、乾媽、阿姨、叔叔等等,都在他們生活中扮演重要的角色。跟我們一樣的「彩虹家庭」,成為了我們生活裡很強大的支撐,可以彼此照料,也有機會讓孩子接觸其他類似家庭背景的小孩。

💜 亞洲彩虹騎行　無所畏懼相愛

2020 年初,我們為了讓孩子學習中文,也為了與太太的父母相處而來到台灣,原計畫是逗留四個月,卻因為新冠病毒爆發的關係,讓我們決定留下來。我在台灣參加了自行車環島,這個體驗讓我想起了 AIDS/LifeCycle 的慈善募款活動,這個一年一度長

▲ 2020 年 3 月與 Charlie 和 Jesse 在台北動物園看熊貓

達一星期的騎行活動，從舊金山出發前往洛杉磯，是 2008 年我遇見太太後一切的開始。

這讓我產生了一個點子，不如把想維護亞洲自由戀愛的人聚集在一起，一起在台灣騎行！台灣是亞洲 LGBT 自由的核心，是非常適合騎行的地點，一切都很順理成章。2019 年，台灣成為第一個通過同性婚姻的亞洲國家，雖然如此，同性關係在 20 多個亞洲國家仍是違法的。

我們與台灣、馬來西亞、中國、新加坡的共同創辦人發起了「亞洲彩虹騎行」的活動，用意在推廣 LGBT 在亞洲的權益。這個兩天一夜的騎行活動，吸引了各族群參加，我們沿著台灣東北海域騎乘 130 公里。

活動的順利圓滿，建立在友誼及宗旨之上。我太太說：「對許多亞洲人來說，對家庭或社會出櫃，還是充滿著限制。亞洲彩虹騎行，是一個讓大家都能感覺被接受，甚至是被慶祝的活動。」不論在哪都能無所畏懼地相愛！

▲ 2020 年 10 月與亞洲彩虹騎行共同創辦人合影

▲ 2020 年 6 月台灣首次亞洲彩虹騎行共騎聚會

☆ **LGBTQIA+**

目前被廣泛使用、代表同志光譜的代表詞。L ＝女同志；G ＝男同志；B ＝雙性戀；T ＝跨性別；Q ＝酷兒；I ＝雙性人；A ＝無性戀者；＋＝多元。

☆ **彩虹旗幟**

同志平權運動常使用的象徵，共有紅、橙、黃、綠、藍、紫六種顏色，分別代表「生命」、「復原」、「太陽」、「自然與寧靜」、「和諧」、「靈魂」，象徵同志社群的多彩多姿。

☆ **直同志／盟友**

「Straight」與「同志」的組合，指認同同志、對同志友善、支持同志的異性戀者。

☆ **出櫃**

同志向他人表明性傾向時，稱為「走出衣櫃」（come out of the closet）。這個選擇是當事者自己本身決定，而非議論。

☆ **不分**

同志關係中的自我認同方式，不受限於主流社會僅以男女二元作為劃分的絕對標準。

☆ **同性伴侶／伴侶（夫夫、妻妻、Same sex partners）**

婚姻不以一男一女定義，所以會以伴侶或以上為稱呼。

（文字整理／Olivia）

Chapter 2

同言同語　坦誠相愛

06
同志是
宇宙間美麗的創造

李盈翩
自由女神同誌沁身靈成長學院創辦人

沁身靈療癒引導師

經歷

愛之船啦啦時尚概念館店長

新古典舞團舞者

自由女神學院創辦人

神采飛揚靈修課程帶領人

2008~2020 年台灣同誌命相易經講師

專長

芳香療法、心靈舞蹈、易經諮詢、塔羅牌占卜、藝術引導

座右銘

愛，是最大的療癒力。

▼ 熱愛舞蹈的自己

當不覺得奇怪的時候，就沒有奇怪；或是很習慣不一樣的時候，就覺得不一樣很正常了。當我回想所謂的同志經驗時，好像沒什麼掙扎或痛苦，也許是因為我的成長過程就蠻習慣被別人認定為「特殊」的吧！

💜 忽男忽女忽有形忽無形

我從小學習舞蹈，芭蕾舞、民族舞、現代舞或翻滾……樣樣都學。一會兒跳小天鵝、蚌仙兒或孔雀公主；一會兒當哪吒、楊家女將或一朵雲，忽男忽女、忽有形忽無形，什麼都跳、什麼都不奇怪！

幼年學舞的成長經驗，擴展我對於生命角色能有各種可能性的認知。國小開始就讀舞蹈資優班（當時年代的名稱），在全校的每一年級只有一班，全班都是女生，留著長長的頭髮。跟同齡學生比較起來，有更多機會代表學校參與校外比賽或表演，並在校內接受表揚。在重要活動中，能在全校師生面前表演，在校內師生眼裡也被認為是特別的學生。

國中及高中我也是唸女校中的舞蹈班，在清一色清湯掛麵的女孩中，長髮及腰的女孩更是被議論紛紛的一群。也許是被「特殊」習慣了，對女校中女孩間親密情誼的風氣，覺得一點都不奇怪！我很自然地收到一些帥氣女生的情書及追求，正值情竇初開時的我當然也選擇有好感的對象，純情地交往起來。

▲ 千變萬化的舞蹈人生

　　除了校園內的精彩，放學後的補習班也是小戀愛飛舞的地方，自然也有他校的男同學來追求，我心中也有心儀愛慕的對象。若問當時的我覺得自己奇怪嗎？其實也沒有。反正在別人眼裡，我一直都是奇怪而特殊的，再說，被喜歡本來就是一件開心的事，不是嗎？

💜 我的性別就是我

　　上了高中女校舞蹈班後，開始有更多的文章訊息和新聞報導討論「同性戀」、「同志商店」，及某明星是同志的八卦新聞。我這才開始意識到，原來有人因為愛上同性，受到壓迫及阻礙。

　　於是開始在圖書館中找資訊，大量了解「同性戀」、「異性戀」、「雙性戀」的名詞，回想起來，當時好像是非得要在

裡面找到一個合理的名詞，來解釋自己到底是什麼戀。

後來，我離開家鄉台南，來到台北念大學，有了自由及網路，開始透過 BBS 大量地接觸多所大學裡的同志社團，進而投入參與同志議題活動，認識更多各行各業、世界各地的同志朋友們。其中不乏知名作家、創業家、藝術家……。

我發現雖然身為同志，但大家都對自己的生活很有想法，很多也因為自己的同志身分，而有獨特的特質與天賦，真是酷斃了！我認真的明白，身為同志的人，也許就是上帝特別挑選的存在，並不是上帝造人中的瑕疵品。

當然，除了一起玩，我們也一起分享彼此的生命故事、戀愛的快樂與悲傷、與家人出櫃的順利或災難，職場的歧視或幸運……。

直至現在，我還是無法在「同性戀」、「異性戀」、「雙性戀」、「泛性戀」、「無性戀」、LGBTQ……等等的名詞中，找到一個來形容我自己，因為我認為能夠愛人以及被愛，本來就是幸福的事。

就如台灣跨性別數位政委唐鳳所說的，性別不是是非題，而是填空題，我的性別就是我，愛就是愛。我會用一段話來形容，目前我對伴侶關係的論點：「愛情，應該是一個靈魂，對另一個靈魂的態度；而不是一個器官，對另一個器官的反應。」

▲ 身心靈工作坊教學

於愛之船店內舉辦
同志文學發表會▶

▲ 用易經及塔羅牌認識更多人,將內心的愛與光傳
遞出去。

▲ 與文化部長鄭麗君（右）合影

讓愛自由！

鄭麗君
2016.06.24

文化部長鄭麗君於愛之船
啦啦時尚概念館留字勉勵
全天下同志 ▶

❤️ 人是一條靈光來投胎

　　家庭與社會的負面衝擊，幾乎沒有在我身上發生。我的家人們給我很多空間，讓我自由地發展，把我不符合世俗眼光的波濤洶湧，都在他們自己的心裡消化掉了。出社會後，我先後在舞團及廣告公司工作，也都是尊重多元性別的職場，我就這樣順著生命之流，自由地長到現在，這是我很大的福報。

　　我成長之路的際遇一直不差，真正讓我開始探尋生命意義並投入身心靈領域的，不是性別衝突，而是自我衝突。

　　例如：我不差，但我為什麼不快樂？宇宙創造我來地球，是為什麼？這些對自我生命價值的疑問，占據了整個腦袋。當時的我一直跟自己說，我絕對不是一生庸庸碌碌，來吃 100 年便當就回去的。但我到底是來做什麼的呢？怎樣才能活出真正的人生呢？

　　藉由天竺大師的引薦，我認識了吳主席，進入道統的領域來學習，告訴我人是一條靈光來投胎，每條靈光都富有使命，都有其天賦。而經歷的過程，是要打磨自己成為發光的鑽石，進而化潛力為實力，化實力為超力。

　　我在天竺大師創辦的「愛之船啦啦時尚概念館」服務已十餘年，愛之船的名字，來自聖經裡諾亞方舟的概念，象徵來到這一艘船上的生命，都是被神接納、被愛、被保護的，是非常珍貴！

▲ 與知名作家李昂（中）合影

▼ 參加女人國派對活動（中）

▲ 與日本同志聲人導演 Mika（左一）合影

在這裡，我一方面學習認識自己、接納自己；另一方面學會用心傾聽，感受每個人的內在需求與聲音，真心地給予支持與力量。

💜 愛之船是大家靈魂的家

愛之船與一般性別議題商店大大不同，不僅提供商品服務，我們更關注在沁身靈平衡健全的照顧。人們垂頭喪氣地進門，然後開心愉悅地出門，這是愛之船的日常景象。

在商品服務上，無論是束胸或情趣用品，我們除了盡力服務讓客人找到合適且優質的商品外，更鼓勵客人大方試穿及勇敢照鏡子，主訴求是希望讓每個人都能熱愛真實的自己，提升自我認同感及自信度！同志的存在，是光明與驕傲的，並非厭惡、羞愧或自卑的。

店內的「魔法小教室」也深受客人喜愛，提供易經、塔羅牌、刀療、光療、靈修、禪修、天賦藝術療癒……等沁身靈課程服務，幫助大家梳理心靈的困頓與壓抑，找到生命的解答與方向，釋放身體的緊繃與壓力，進而活出更自在自由的人生。

我在愛之船服務的這十多年來，陪伴著許多客人，走過生命風暴。有人曾經因同志身分，與家人衝突不斷，到現在會帶著爸媽一起來；也有愛人離世的痛苦不知可以和誰訴說，我們一路陪伴著他。我看到許多的朋友從自我懷疑、自暴自棄，到

自我認同、充滿勇氣！

愛之船是個開放的園地，除了台灣以外，也有許多國外的同志或學者，透過新聞報導及網路的資訊，來到台灣愛之船參觀朝聖。他們總是說這裡充滿光和愛，是個像家一樣溫馨的地方。我總笑說：「因為這裡是大家靈魂的家啊！」

❤ 靈魂執意今生再來尋圓滿

我非常感恩，能有在愛之船服務的好機會，讓我以不同形式服務海內外眾多同志們、深度參與了他們的人生。如果是我溫暖的一句話、甜美的一個笑容、親切的一句問候，能讓他人感覺快樂，我都會感覺我的存在，是很有價值的。

當然我也觀察到，無論是什麼性取向，同婚通過前或後，人們依舊都會受限於家庭、工作、感情、健康、財富……等困境中。

人最終困惑的都是：「我為何經歷這些困難？我來世上的價值是什麼？我該如何超越？我該如何圓滿？我該如何自由地活出我自己？」有人一直找不到出口、找不到答案，一直困於苦惱之中，甚至痛苦絕望地想要結束生命，打掉重練。

我的老師吳主席賦予我自由女神的名號，並時時提醒我：「自由女神妳需傳遞的精神是，西方人所說的：『不自由毋寧死。』我們所說的：『不自由不能死。』」

▲ 為生命服務是我的志向

運用大自然植物的能量
療癒平衡身沁靈 ▶

因為就現實的角度，死亡並不能解決或圓滿任何問題。就靈魂的角度，上輩子有未完成的功課或任務，所以這輩子要繼續來完成。也許就是任務特別高階，所以今生的肉體也感覺好難，但絕對是有答案的，所以靈魂執意今生再來尋求圓滿！

　　所以若這輩子沒找到、沒完成，這靈魂任務將會生生世世輪迴直到圓滿。既然如此，那就來學習成為大智慧與正知見之人，跳脫眼前的課題，進而將所知所解分享出去，造福更多受困的靈魂吧！

宇宙創造你來發光

　　天竺大師曾說：「孩子啊！你要知道，宇宙創造你來，不是來受苦的，而是來發光的！來像太陽一樣，發射愛、服務與奉獻的萬丈光芒！」

　　本著這些智慧之語，協助我對生命價值的理解。我知道最難的功課會給最好的學生，一切有因有果、有原因使我們領受目前的考驗，不是偶然的，所以無需問天怨地，只須謙卑地慢慢理解，在修煉中頓悟答案。一切的考題都是因你而來的呀！

　　每一個人的靈光，都是獨一無二的。跨越愛因斯坦的相對二元論，進入宇宙和諧的相融論。一切萬物皆是自然，同性之愛，也是自然，宇宙間最美的就是自然。如蝴蝶美麗的翅膀，如鳥身上五彩的顏色，如花豹的耀眼皮毛，如地球上繽紛的花

草樹木，一切萬物都是無奇不有。

莊子說：「天地有大美而不言。」台灣跨性別數位政委唐鳳說：「每個人都與眾不同，與眾相同是一種幻象。」天地之下無所不美，人可以知道其天賦及靈魂的特殊性，按照自性的樣子，完成自我的人生，就是自由。同志和所有人類，也和所有地球產物一樣，是宇宙間美麗的創造，是平等的。如果你也認同，那歡迎加入成為對大道真理志同道合的同志。

真理是需要大聲說，更多人一起說的：「言＋志＝誌。」讓超越二元相對論、眾生要相融共好的真理，有更多的聲量，一起化同志成同誌。

▲ 媒體報導愛之船啦啦時尚概念館

07
「信的店」
幸福就在身邊

梁展輝
2020 年高雄同志大遊行總召集人

經歷

台灣跨國同婚平權聯盟共同召集人

「信的店」甜點店老闆

專長

好好活著，跟陌生人對話。

座右銘

人因夢想而偉大。

是愛也，動太陽而移群星。──但丁《神曲 · 天堂篇》

▼ 524 當天登記但不成功（右信奇，左展輝）

（口述／梁展輝；採訪／陳翊曦、黃敏怡；文字整理／黃敏怡）

　　緣分的牽引，在 2020 年高雄大遊行籌備時，我（採訪者）與來自澳門的總召梁展輝結緣。一場在地高雄的同志大遊行，怎麼會是由來自澳門的朋友舉辦呢？這件事引發了我許多的好奇，因此觸發我進一步了解事件的始末。

♥ 跨國伴侶在台開甜點店

　　梁展輝（以下稱阿古）的老公是台灣高雄人，他們在鹽埕區開了家甜點店，取名叫做「信的店」，堅持以天然的方法和食材製作，讓顧客每嘗一口就感受到幸福及健康。我品嘗過後，深深覺得幸福從我的嘴裡漸漸流淌到心裡，真的很好吃！這就是阿古將自己與伴侶之間的愛，滿滿地注入在蛋糕裡面，才能做出這般好吃的幸福美味。

　　他們是一對跨國的伴侶，台灣雖然已經通過了同婚法案，但是對跨國同志而言，依然是徒勞的。因此他一直在為此奔走，努力做了許多的推動運動，期盼能在台灣「正式」結婚。提及同婚通過，他看見台灣社會是有許多好的改變的。就像是附近鄰居們，會問他是做什麼的？他就會直接說，是和老公開

▲ 2019 年阿古與信奇的婚禮

2019 年阿古與
信奇的婚禮 ▶

求婚記 ▶

甜點店。鄰居阿姨就說：「對吼，現在同志已經可以結婚了。」

由此可見，法律是道德的底線，雖然老一輩的人，對同志多數是搞不清楚的，但是因為同婚合法，讓同志在法律上有所保障，他們也就逐漸接受了。尤其是梁展輝和老公在社區做推廣時，阿姨叔叔們就會跟他們聊說：「怎麼你和你老公這麼可愛、正面，和我從電視看到的悲情同志感覺完全不同呢？」

💚 生而為人的權利和尊嚴

他說透過推廣與接觸，讓許多人開始對同志有了新的好印象。回到 2019 年 5 月 24 號，台灣通過同婚法的那一天，街上擠滿許多不同年齡層的人，同志們走在街上牽手歡樂慶祝！社會從那一刻開始，開始對同志有更多接納和包容。

阿古表示，同性戀從 80 年代開始就追求「婚權」，但當時出現了程咬金「愛滋病」，而同志更是被污名化。同運是不會因為同婚通過就結束的，對於生存權、性權、健康權、婚權和親權等依舊會積極爭取。同志想獲得的是一個人從出生到死亡的過程，自我的尊嚴，結婚和擁有孩子，無論是收養或代孕，直到同志老年社區的區塊。同志的生命歷程，確實有一點不一樣，古人說養兒防老，但同志養兒的比例比較低。外國有老年同志的社區，而這個老年同志社區其實也適合於台灣。

阿古娓娓道來自己的同志故事歷程，從初中時，他開始漸

▲ 度蜜月

漸意識到，而在確認之前也曾交往過女友。後來，他發現自己
對於某位男同學有所好感，想天天膩在一起，覺得對方比自己
女友還重要，甚至是有了性的感覺。阿古一開始以為自己是雙
性戀，大概過了一年左右，14 歲的他確認自己同志的身分。
當時覺得好好活兩年，16 歲就計畫自殺，因為當時的社會讓
他覺得同志是沒有未來的。在當時不接受同志的社會環境，同
性戀是悲情、不被認同。

💚 勇敢地做真實的自己

　　當時的他，曾幻想有同學也是 gay，可以一起殉情。然而，
他在 16 歲時有了自己人生第一個男友，自殺這件事就因此作
罷了。他的愛人是另一間學校的學生，因此，許多看穿這一切

▲ 生活風景

生活風景 ▶

▲ 生活風景

的同學，就開始製造許多流言蜚語。更有趣的是，其中一位製造流言蜚語的同學，若干年後也出櫃了。阿古在念臨床心理學時回憶起這件事，覺得那位同學是害怕別人發現他是同志，才會用這種方法讓所有人注意阿古而忽略他。

一路走來，阿古都很勇敢做自己，在唸書時發現有同志被歧視或污名化，都會站起來發聲與對話。他發現只要勇敢說、不逃避，社會大眾就會有所改觀。無論是對一個人或對很多人，只要開始彼此對話，總會有意想不到的收穫。他印象中最深刻的一次，是他遇到一個反同的宗教人士。阿古就問對方為何會不接受？對方說我就是反對這個事情，接著阿古拿出他和先生的結婚相冊給對方看。對方看完後就抱著阿古哭了起來，他說上帝愛你們。

在這次事件當中，讓阿古體會到彼此生命經歷的交換，是可以產生許多影響的。這樣才能讓世界有更多的包容，讓事情產生新的見解。阿古本身的家庭結構比較特別，父母是離婚狀態。父親又再婚，但阿古與父母和繼母的關係都很好。

在家庭裡面，阿古

▲ 第 17 屆臺灣同志遊行時宣傳跨國同婚

最早出櫃的對象就是姐姐。當時姐姐剛上護理學院，在察覺阿古自己是同志之後，姐姐整整有一年的時間都膩在圖書館，找所有關於治療同志的書籍。事隔多年後，姐姐提起這件事，感到當時的自己十分好笑。

♡ 感謝父母從反對到包容

　　母親對於阿古同志身分的事情，顯然是十分的後知後覺。阿古曾帶一任男友住在阿古家一年，與阿古媽相處得很好，阿古媽就有了一個概念，兩個男人同進同出、睡在一起，只是感情很好的朋友。經歷阿古帶男友和現在老公回家，阿古媽都沒直接發現，或許有一點感覺，但也沒多說什麼。直到一次吵架的時候，姐姐脫口而出，才讓媽媽恍然意識到自己兒子的性向。父親則是一位很聰明的人，有一次父親直接詢問阿古：「上次帶來的男子不是朋友，對嗎？」父親開始時有點失落，因為阿古是獨子，但也很快接受事實。阿古爸年輕時頗帥氣，像港星鄭少秋，有被男生告白過，因此有所明白同志是一直存在的。

　　阿古在推廣跨國同婚，拍攝紀錄片時，全家人一起對談，一一面對了許多這個議題的內心聲音。面對後的一切，就再也不是禁忌了。因為議題往往是因為不理解，而成為了禁忌。阿古的爸爸對於傳宗接代十分在意，阿古有一次就跟爸爸談起下

▲ 婚禮與家長奉茶

阿古與家人 ▼

▲ 在「信的店」鹽埕市場攤

2019 年高雄同志大遊行 ▼

▲ 2020 年桃園彩虹野餐日

一代的話題。阿古說，如果有錢、自己也想要，同志是可以找代孕的。

阿古爸經過一番理解後，拿起電話就打去大陸，不一會兒阿古爸爸就跟他說，找到有意願的人可以做代孕，他可以去大陸跑一趟。對於這件事，阿古覺得兩代人的概念是有所落差的，如果今天的生命規劃裡有所空間，有孩子是可以的，沒有必要抹煞父母親的期待，他們也只不過是想要一個孫子而已。我們的人生越遼闊，就越不會有限制，大家都能和諧。

對於自己同志的身分，阿古覺得是有優勢的。如果他只是一個普通的異性戀，有很多的報導、議題或是很多同志活動，就不會在他生命裡產生。那就只是很普通的一個澳門人，來台灣娶老婆，在這裡上班。所以，阻力也是助力。澳門同志在台灣不能結婚，只能開店，或許是開啟了另一扇門。

從團隊卸任後的阿古正與下屆團隊籌備中辦另一場世界性

▲ 結婚照

的同志活動，繼續推廣更多的意義和同運。別人眼中的光環，或是這一路走來所跨越的批評，都是努力而來的。阿古因為這份努力而推動了很多事，尤其是在他們要註冊結婚卻被拒絕的那一刻。他希望未來的報導不再寫這些同志的議題，同志們可以真正成為一種日常。而他也回歸到自己的身分，好好做甜點，讓跨國男同志的身分，成為真正的普通人，讓所有不平等的事情都不再存在。

　　阿古說他的婚姻過程是有點特別，很多步驟都不一樣。一開始就同居，註冊失敗後開了記者會，接著辦喜宴，直到高雄同志大遊行的時候才求婚。他期盼在法律通過時，可以正式好好地結婚，有完整的幸福婚禮。

2020 高雄
同志大遊行 ▶

08
靈魂沒性別 愛無差別

黃敏怡 Perak Wong
馬來西亞光大計劃怡保分會負責人

同志沁身靈療癒師

經歷

馬來西亞人怡保人，身兼數職，銀河星系同誌婚紗負責人、台灣電影製片、馬來西亞怡保中醫診療師、怡保光大計劃負責人、同誌命相師、同誌沁靈療癒師、彩虹光行者、《我的紅樓不是夢》製作團隊，致力於推廣同誌藝術人生

專長

同誌命相、易經占卜、傳統療法、藝術引導療癒師、沁輪脈輪療癒、同誌推廣活動、先天禪修講師

作品

台藝大《肉販》編劇、製片（入圍 2010 年金雄獎最佳影片）
台藝大畢業製作《殺豬犯》製片（入圍北京國際學生影展、金獅影展、金穗影展）
台藝大研究所畢製《離散》前製製片（入圍金穗學生組、青春影展）
同誌紀錄片《Mandy 彩虹人生》

座右銘

The Best Is Yet To Come.

人是一畝田，在哪努力耕耘，哪就會種出果實，這就是相信而來的奇蹟。

💟 我到底是誰

　　我來自馬來西亞怡保的一個傳統客家新村。新村是華人群聚的鄉村，而我居住的新村在馬來西亞已是第六代，因此對於「根」已經開始成「迷」。家人對於是否該學習中文、學習中華文化，有著兩個極端的想法，所以家人讓我上了華文小學，而我表姐則上了馬來文小學。這個決定，也為我日後來台的心路歷程埋下了種子。我出生於一個多元化的國家，在保有自己與尋找自己之間，是我打從懂事以來就存有的疑問與衝突。

　　對我而言，性向和身分認同是與生俱來就有感覺的事情。我從小就對女性有特別的好感，我喜歡和女生黏在一起，在小學便懂得買小禮物送給女同學，而在保守與傳統的文化觀念下，我這一切自然而然的舉動，都讓我誤以為是展現友情的行為，從不知道原來同性也可以相愛，加上媽媽總會開玩笑地說：「長大後，要嫁給有錢男人做媳婦。」

　　當時年紀尚小，我不愛穿裙子，也不愛芭比娃娃，因此成為家人眼中的怪胎，媽媽也常強逼我要好好當一個「女生」。然而當女生就必須那樣嗎？倘若我不能如媽媽所願地「長成女生的模樣」，那我到底是誰？「長成女生」的我還是我嗎？諸如此類的疑問不斷在我腦海盤旋。雖然時間過去，我也隨著時間慢慢長大，但問題依舊沒有解決，並沒有因年紀增長而找到答案。

Wong Mun Yee massaging her customer using the knifes at her massage centre at Jalan Bandar Timah, Ipoh. — Picture by Farhan Najib

◀馬來西亞報紙
「Malay Mail」
報導

印度電視台採訪▶

▲ 攝於何人可紀念博物館，將光計劃帶回霹靂怡保發揚光大。

▲ 2011 年臺灣同志遊行（左一黃敏怡）

在中學時，我開始意識到自己的舉止和一般女生不同。別人看男明星，我看女明星，但其實內心也不排斥男生，因為郭富城亦是我當時追捧的偶像之一。但是當別人都戀愛了，我卻對「男朋友」這個詞若有所思。「在天願作比翼鳥，在地願為連理枝」，某一次在書本讀到這句詩時，我心裡像被針扎了一下，我所渴望的人，是否會在燈火闌珊處，提著燈籠等待著我呢？但如果她是一位女孩，那我們還能在一起嗎？

💜 「正常」到底是什麼

在我還沒意識到自己是同志之前，身邊的同學就先察覺到我的不同，而這些不同讓我遭受霸凌。當我去尋求老師幫助時，在他知道我的性取向後，只跟我說：「多拜觀音，祈求觀音讓你恢復正常。」在那個當下，我的心有一種被打進谷底的

感覺。到底誰可以告訴我為何喜歡女生會是不正常的呢？

在 15 歲時，某位男同學發現我喜歡女生，於是對方故意把蟑螂放進我的水瓶裡。其實，當時的我是留著一頭烏黑的長髮，也嘗試著去喜歡異性，試圖讓自己起碼是個「雙性戀」。當時的我完全沒有想過要出櫃，在我 21 歲前，對於自己同志身分的認同，存有許多的障礙。

在中學時，我對電影產生了莫大的興趣，因此不斷上網找小眾電影來看。記得那時候接觸到一部由麥婉茵導演的電影《蝴蝶》，這是講述女同志和香港社會變遷的片子，裡頭有一個中學生的角色和當時的我年紀相若，而這也是我第一次看同志電影，給了我很多的啟發和震撼。電影講述一名已婚生子的女老師，因課堂中有學生發生女女戀，喚醒她過去被塵封的記憶，隨後，她遇到了一個年輕的女歌手，心裡對於同性蠢蠢欲動的情感，也再度甦醒了過來。

那些壓抑的感情，不是結了婚或妥協了，就可以當作沒事、沒發生一樣，總有一天那個沉睡的自己若被喚醒了，將會一發不可收拾。但是那不是悲劇，而是真實面對自己的契機。電影的主題曲是「The Best Is Yet To Come」，裡面有一句歌詞：「假使快樂有盡頭，痛苦也未會不朽。」這句話讓我每次遇到困難時，都如此鼓勵自己，只有如實面對痛苦，它才會輕輕地離去，生命才會贏來快樂。

🖤 毅然來台　尋找生命的曙光

在家庭裡，原來媽媽早就發現我的「不一樣」。她是一個十分傳統的女性，對於同性戀是無法接受的，於是她也很常來試探我或情緒勒索我。雖然性向這回事，放在今天也許是一件沒什麼大不了的事，但對於那時候的我和家人，卻因此發生許多的衝突，於是我也在這彷彿沒有盡頭的衝突中迷失了自己。

後來，為了有一個新的開始，我在家人的反對下來到台灣，在台灣開始了尋找身分與性向的認同旅程，盼望能在台灣找到未來的曙光。「問題如果沒有出口，永遠都只是問題」。來到了台灣這個陌生的環境，我對於很多文化與人事地物都感覺不適應。就讀於國立台灣藝術大學電影系的我，希望在這裡一面摸索自己的未來，也一面在生活裡找到性向的認同。

在電影產業裡頭，我遇到了很多的貴人，在學生時期就有不錯的機會與收入。然而，感情世界卻一再跌跤，甚至讓不懂如何排解情緒的我得了憂鬱症和恐慌症，因此開始了一場不斷進入醫院、看身心科與接觸不同宗教的旅程。

🖤 深陷憂鬱症、恐慌症的惡夢

在當時，醫生找不出病因，宗教的教義也無法撫平我破碎的心。才 20 歲出頭的我，居然有了想要了結生命的念頭。就

▲ 高雄同志大遊行同誌命相服務

與愛之船創辦人 ViVi
老師、祁家威先生、
馬來西亞同志推手湯
明越、馬來西亞策展
人黃樹發和自由女神
合影（順序從左至右）▶

▲ 參與光大計劃沁身靈療癒師培訓（左一黃敏怡）

▲ 校園同誌命相活動（右三）

▼ 情緒藝術引導師文憑認證

▲ 企業邀約身沁靈講座

在這個時候，上帝彷彿聽到了我的呼喚，在一次與同志牧師歐陽文風的聚餐後，他帶我到「愛之船啦啦時尚概念館」，認識了先天易經和同誌命相，從此打開了「人要修行」的思維，而我的心也在修行裡得到了真正的救贖。

感謝生命讓我認識了愛之船，這裡給了我很大的安全感，讓我找到了自我身分的認同。其實，喜歡男或喜歡女這都不是命運，更不是宿命。愛，僅僅是一個恩典。之後，我還擔任了「銀河星系同志婚紗館」的負責人，協助每一位同志朋友留下美好的時光。有個人相親照、情侶紀念照、同志婚紗照，還有寵物照等。在那段時光裡，看著每一位同志臉上露出幸福的笑容，都讓我感到很羨慕。

🖤 每一位同誌都是一顆耀眼的星

透過機構、主席和天竺大師的協助，我重新認識自己到底是誰，漸漸地除去內心的恐慌與無助，更明白自己一路以來被錯誤灌輸了「同志是罪」的觀念，最終得到真正的解脫與自我赦免。靈魂沒有性別之分，愛更是沒有差別，那是與生俱來的美好。透過修行與行修，體會到身為同志不是一種「懲罰」或「有罪」，而是每個人活在地球上，都有榮耀自己的權利。在自我幫助的同時，我也尋找到自己的使命。

修行讓我重新檢視自己的生命，對於「同志」的身分有了

不一樣的體悟。身而為人，是自由的，然而真正的自由，需要把自己從一個又一個的社會標籤裡面掙脫出來，才能獲得生命本質上的真自由。因此，我從「同志」走向了「同誌」，與志同道合的同誌朋友們，一起去創造生命更多的可能性。

　　一路走來，經歷那麼多的坎坷，我更明白幸福得來不易。在機緣之下，我開始以「同誌命相」來服務每一位正在遭受痛苦磨難的同志朋友們。每一次協助客人跨越生命的難關，就如同我也在自己的生命裡多了一份力量。客人的改變，成了我生命價值的一部分。我的生命影響了他們，他們同時也成就了我。「同誌」的內心世界都十分豐富，我們可以將所經歷的一切喜樂苦痛，都化作一股正面力量，讓自己的生命成為一道美麗的彩虹光。而在潛心修行期間，家人看到我因正能量的蛻變，開始接受我是同志的身分，甚至和我一樣開始修行自己。

❤ 愛就愛 哪管身分

　　在尚未修行之前，我在拍電影時，很想把自己的理念和想法透過影片來傳達，企圖能為這個世界改變一些事情。在修行之後，我發現只有透過自己的改變和修行，才能真正踏實地扭轉生命中很多不如預期的狀況，當自己遇到問題時，才能不陷入虛無的痛苦中。因為有了先天智慧的先知先覺，從而把問題解決，進而得到智慧的昇華——我再也不只是我，而是和宇宙

祁家威老師在愛之船分享（照片來源：吳錦珠）▶

▲ 與祁家威老師在愛之船訪談（照片來源：吳錦珠）

◀ 與怡保光計劃夥伴淑馨參加靈魂的派對

▲ 在新竹風城部屋提供同誌命相服務

西門紅樓同誌攝影展入圍 ▶

快樂彩虹之路

晚霞時分，
我與友人高舉著代表自我身份的彩
虹旗，奔向屬於彩虹的自由之道。
走完一趟彩虹之路，
讓我們更深刻體會，每一個同誌都
是一道閃亮的彩虹。
唯有踏上專屬於彩虹的道路、發揮
彩虹的愛，我們才能真正的快樂。

Perak Wong
馬來西亞人
就讀台藝大電影學系
現任銀河星系同誌婚紗館攝影師
自從接觸紀錄片後，便開始熱愛紀錄生命中微
小的氣息。因為那個價值非凡的寶物。

▲ 與光之夥伴一起參加 2020 年台北國際藝
術展，攝於連建興藝術家作品。（順序由
左至右竣銘、翊曦、連建興、淑馨、敏怡）

萬物一起的。

　　在很久以前，何韻詩有兩句歌詞讓我印象深刻：「若有一天公開，明目張膽的愛，我怕會讓你太意外。我的愛只願縮到最小，彷彿不存在。」同志之間的愛，就是如此的隱形和卑微。後來，她的出櫃、對於自己身分無懼的認同、站起來為同志社群發聲的勇氣，都帶給我許多的力量。回顧走了這十年的路，現在的同志就如「露絲瑪麗」中的歌詞：「愛就愛，哪管身分。」我相信就是因為我們不斷地努力前進，因此悲情不再，在別人接不接納之間，重要的不是別人，而是我們自己。

　　在虔誠修行的這幾年來，我的生命有著很多很好的轉變。不僅整個人變得陽光，更開心的是，在修行路上長達十年沒有戀愛的我，終於找到「誌同道合」、相守一生的好伴侶。愛之船創辦人 ViVi 老師曾在我受挫時告訴我：「老天爺是公平的，人是一畝田，往哪耕種，哪就會有收成。別急，要給自己這畝田好好下苦功，終有一天會開花結果。」這段話，是我行修這段路程以來的一大精神支持。每次遇到考驗，我都告訴自己這是老天爺給的肥料而已。每個靈魂來到地球上，都有他的任務和使命要完成。靈魂是沒有性別之分的，因此我們人人都要找到屬於自己生命的「真」道，成為一道美麗、閃亮的彩虹光。

09
用心陪伴 快樂向前行

湯明越
Mamak 檔大馬旅台同志會創辦人

經歷

在桃緣彩虹居所服務同志朋友

參與小 YG 行動聯盟、元智大學性別基地社

籌備馬來西亞淨選盟聲援集會台北場

多次擔任桃園彩虹野餐日工作人員

專長

多元性別及愛滋議題

座右銘

相信愛、自由、平等。

在廣場擔任馬來西亞淨選 4.0 主持人 ▼ 參與 2020 年臺灣同志遊行

大馬旅台同志會

（口述／湯明越；文字整理／黃敏怡）

💜 對台灣媒體直白說我出櫃了

　　2011 年的自由廣場，一場馬來西亞淨選的抗議活動，讓馬來西亞在台同鄉們聚集在這裡。主持人現場邀請參與者上台發言，湯明越隨即舉手上台。

　　湯明越說著說著，就很自然且很大方地在各位同鄉們面前直白說出，自己是同志的事。這個舉動震撼了現場所有人，尤其是，對於在場些許還徘迴在自我同志身分認同尷尬狀態的同志們，無疑是默默給了許多肯定的力量。

　　這是他第一次參加非同志的公開活動，並大方公開出櫃。之後，他開始帶著馬來西亞的國旗參加多次同志遊行。來自馬來西亞怡保的湯明越，深感在馬來西亞時 LGBT 族群的被打壓，因此來台後，更能感同身受台灣對同志是多麼的開放自由！希望未來的馬來西亞，也可以跟著進步。

　　湯明越之前雖然很常參與同志相關活動，但從來沒坦誠地跟家人談過出櫃這件事。一直到 2011 年的臺灣同志遊行，那是湯明越第一次以馬來西亞團體名義，帶著馬來西亞的國旗參與。

那時有個新聞記者來採訪，善良單純的湯明越沒有想太多，很開心地對著攝影鏡頭滔滔不絕敘說自己同志身分的事。遊行第二天晚上，馬來西亞電視台在華語新聞時段，就轉載了台灣這則新聞報導。

♥ 馬來西亞親友看到新聞報導而被出櫃

他在馬來西亞的許多親友們都有看到這則新聞報導，並紛紛發訊息（當時的 MSN）給湯明越說，看到他在電視上「臉很大」的新聞報導。

在接到訊息的當下，他心裡都涼了！心想家人們一定有看到，關於自己出櫃的新聞報導。他爸爸有每天晚上觀看各個馬來西亞電視台華語新聞時段的習慣，自然會看到報導自己兒子出櫃的新聞。

果真，隔幾天他與媽媽通電話時，湯媽媽說：「兒子啊！你做事一定要三思而後行，在台灣要好好讀書，不要做讓家人擔心和蒙羞的事。」母子在越洋電話中的對談，沒有正面談及同志議題，但湯明越知道，爸爸媽媽肯定都看到了這則新聞報導，只是不想跟他明講。

直到今日，湯媽媽依然選擇「不拆穿」，甚至在過年親友家人團聚的時候，當親戚朋友們問起：「明越為何還沒交女友？」湯媽媽就會過來幫忙解圍。母親深愛兒子的濃情，一切

▲ 首次以馬來西亞團代表身分參加同志大遊行

都盡在不言中。

　　或許，在老一輩保守的觀念裡，對於自己的寶貝兒子竟然是同志這件事，短時間無法坦然面對與真實接受。而身為兒子的明越，也不能自私地勉強父母，要接受自己是同志的事實。天下父母心，父母對於子女的愛，不論他的身分是否為同志，這份血濃於水的親情，永遠都是不會改變的，並且會以父母天生對子女的愛，默默給予支持與守護。

　　其實，湯明越的父母，跟許多身為同志的父母一樣，早就知道自己兒子是同志，但又何必為難彼此，硬是要對方接受自己的全部呢？

小學時期很喜歡看猛男和帥哥

　　湯明越娓娓道來自己的同志歷程。他在小學時期就發現自

己很喜歡看猛男和帥哥，對於男生擅長的運動項目，他一向都不是很熱衷。當他看同學們在打球時，心中會不解地想：「為何這麼多人要去爭搶一個球？一個人發一顆球不就好了嗎？」唯獨對於游泳和跳水項目，他會看得目不轉睛。他想起有一次在馬來西亞看晚間華語新聞時段，新聞播報員正在報導某個男性健美比賽，看著看著入神的他，居然忘了吃晚餐。

在中學開學的第一天，有一個男同學遲到，他匆忙地跑進教室。湯明越說，當時的他望著男孩，第一次有這麼強烈的感受，覺得這個男孩很帥很帥！忍不住一直想盯著好好看他。湯明越笑說，自己明明分分秒秒都好想看到這位心儀的超帥男同學，但上課時卻完全不敢正眼看他，因為他怕自己看得太出神，而忘記要專心上課。

後來得知原來彼此住家都很靠近，湯明越非常的開心。對於這位暗暗喜歡的超帥男同學，他有一種說不出的親近美好。他說那是一段很青澀的成長歲月，與每個少年都會有暗戀對象一樣，這份愛的種子或許不會萌芽，但卻如此深埋心中，每當想起，總是那麼深刻與美好！

這一種對同性蠢蠢欲動的感覺，讓湯明越對於自己的性向越來越清晰。但對於同志的身分認同，他依然一概不知。因為在那個封閉保守的年代，馬來西亞要得到關於性別的這類資訊是比較困難的，因此許多有同志傾向者，都無法理解自己到底是誰？

▲ 台中演講介紹馬來西亞政治與社運

▼ 受邀至政大演講

💚 14 歲認識「同性戀」這個詞

湯明越述說大約在 14 歲時的一個午後，陽光照進客廳，當時他正在看著華文報章的副刊，有報導關於一位男同志的故事。那是他第一次真確地認識「同性戀」這個詞，他終於解開一切的謎團，終於知道自己為何會對男性的身體產生感覺，因為自己正是一名同志。

日後他從報章上看到同志歐陽文風的專欄文章，從結婚到出櫃，歐陽文風牧師的文章都在為同志發聲。而那些關於同志的文章，讓湯明越有了支持的正面力量，知道在同志這條道路上，自己不是孤單一個人。他表示在當時的年代，就算用電腦搜尋 Gay、同性戀，也沒有太多的資訊出現。雖然自己很有求知慾，但身邊也沒有懂的人可以指導，沒有相關資訊可以參考，一切同志的資訊都得靠自己摸索，一般同學朋友之間也不會說。直到開始在網路上認識同志朋友，約出來談天後，他才開始知道更多同志圈內的事情與術語。

比如：PLU，就是 People Like Us，翻譯成中文就是「像我們這樣的人」，指稱同志。這是一個馬來西亞同志辨識彼此身分的暗語，不是圈內人是不會知道的。

很多人問湯明越，為何會選擇來台灣求學呢？他說，自己從小對台灣的印象是很好的，最重要的是台灣對同志很友善，而且在美麗的寶島，有許多「像我們這樣的人」。

《揚起彩虹旗》越看越感動

湯明越說有一次，自己很幸運地在馬來西亞的書店裡，買了一本《揚起彩虹旗》，那是寫台灣同運工作者故事的書，讓他越看越感動！在作者的字裡行間中，他深受感動，因此對台灣同志運動更加嚮往，希望有機會來台灣朝聖。

後來，他在任職的公司裡認識了一位從台灣畢業回馬的同志朋友。那位同志朋友分享了他在台灣的精彩生活、同志在台北自由奔放的許多故事，例如人們可以欣賞像是《孽子》、《喜宴》等同志相關的影音及文學作品。湯明越聽了之後，就更想來台灣了。而後，在因緣際會之下，他終於實現了來到台灣唸書、工作的心願。

湯明越在台灣這十多年來，積極參加各種同志活動，學習各種各樣性別相關的知識。他參與過小 YG 行動聯盟、創立元智大學性別基地社、曾服務於桃緣彩虹居所。

他希望從自己微不足道的生命裡面，為同志朋友們付出一些正面力量，讓彼此間少一點挫折、多一點溫暖。一路走來，他很感恩得到許多貴人的幫忙，所以總是懷著感恩之心，為同志付出努力。湯明越從不怕站在高處為同志發聲，這也是為什麼 2011 年的那一天，他在自由廣場勇敢地出櫃，發表了他對馬來西亞的演說。

▲ 在桃緣彩虹居所分享生命故事

在元智大學性別基地
分享生命故事 ▶

▲ 在中央大學酷兒社談馬來西亞社運

▲ 擔任元智大學通識課「詩與當代生活」助教,協助老師介紹情慾詩歌的專題,談各種性文化,以及同志污名化等課題。

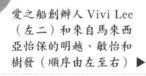
愛之船創辦人 Vivi Lee（左二）和來自馬來西亞怡保的明越、敏怡和樹發（順序由左至右）▶

💕 我勇敢我幸福

湯明越的這份勇敢激勵了很多同志，為爭取自己的幸福一起勇敢站出來。他相信這不是一條不歸路，而是一個充滿勝利的征途，一個必定能凱旋而歸的旅程！他強調：「我們同志一路遠征，不畏風雨，不管在哪裡，我們都要驕傲向前行。」

湯明越發起了一個群組「Mamak 檔——大馬旅台同志會」，聚集在台灣的馬來西亞同志朋友們。這是一件沒人做過的好事情，同在異鄉，大家有一些共同的語言，共同面對問題來解決。

每當被問起：「明越，你從馬來西亞飄洋過海來到台灣，是如何看待台灣這個『僑居地』？怎麼看待自己生活並長大的國家？未來是要選擇在台居留，或回鄉生活？」

湯明越自己也不一定有答案，但他說有了「Mamak 檔——大馬旅台同志會」這個平台之後，就可以讓大家更有機會交流彼此的想法、分享自己的困惑及經驗，希望幫助更多馬來西亞同胞。

「Mamak 檔——大馬旅台同志會」，提供同志彼此間一個溫暖團聚與正向抒發交流的好平台，甚至有些沒正式出櫃的朋友，也多了一個可以安心「做自己」的地方。以團體的方式，讓大家彼此相互支持，化解在台灣的一些文化衝擊。

湯明越表示，時至今日，在馬來西亞能接觸到的同志資訊

◀ 於愛之船與黃敏怡潤稿
（照片來源：吳錦珠）

於自由廣場參與
馬來西亞淨選活動
（照片來源：杜晉軒）▶

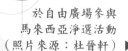

依然很少，而且華語更少。而現在在馬來西亞華人社群推廣同志議題的朋友，許多都是從台灣留學回去的。台灣是一個多元且開放的環境，他們希望在這裡吸收到營養和養分，然後帶回馬來西亞奮鬥。

湯明越認為陪伴是最重要的事，當人遇到困難或低落時，有知心人陪伴是非常重要的。

他以充滿正能量的眼神強調：「珍惜今天，活在當下，盼望未來的日子，透過我的積極努力，讓 Mamak 檔——大馬旅台同志做得更好！給予更多同志們溫暖堅定的友善支持！陪伴每一位需要者，走出每一個幽暗低谷，邁向快樂幸福的彩虹道路。」

▲ 飽讀詩書，洞燭機先。（照片來源：吳錦珠）

10
遊走國際
綻放同志光譜

黃樹發
人思文創辦人

藝術策展人

經歷

城市規劃、公共政策、副刊記者

入選台北水穀藝術 2020 年度策展投件

入選台灣藝術史研究學會 2020 學術研討會論文集及發表《商討亞洲酷兒藝術雙年展的實踐》

國際古蹟遺址理事會馬來西亞分會和國際文化旅遊委員會的成員

積極從事場所營造、文遺評估、企業社會責任和文藝節目策畫

歐盟 Erasmus Mundus 獎學金學者，在歐洲三地主修人文景觀，亞洲開發銀行日本獎學金學者，在香港大學主修城市規劃

榮獲 CENDANA 頒發流動補助金，攜同兩名本地藝術家，以自由策展人身分參與葡萄牙第五屆里斯本當代藝術展

獲遴選為第八屆世界藝術和文化峰會的亞洲代表報告員之一

專長

社區營造、藝術策展、古蹟旅遊

座右銘

Everyday further from where I was.

▼於 2019 年吉隆玻高峰會與參與討論的伊斯蘭合作組織青年領袖講者合影（中）

（口述／黃樹發；採訪／吳錦珠、李芯薇；文字整理／黃敏怡）

💚 酷兒藝術，呈現同志群體光譜

來自馬來西亞怡保，一個純樸卻擁有優良教育體系小村莊的黃樹發，是馬來西亞同志策展人。在朋友眼中的他，是個溫文儒雅、學富五車、善良敦厚、誠信有禮的翩翩君子。對於社會與藝術，有著敏銳的洞察力，對於追求自己的生命價值，更是不斷勇敢地向前奔進。

黃樹發先後在馬來西亞、香港及歐洲求學深造，目前的研究主軸是酷兒藝術，比較台北與曼谷「光合作用」亞洲當代藝術同志議題展，在呈現同志群體光譜時如何全面性拿捏。畢竟這是第一個全亞洲成功打入官方美術館體制的同志藝術展覽，在酷兒藝術的詮釋上，跳脫不同國度及區域性文化背景的風俗枷鎖。黃樹發指出，雖有美中不足之處，卻也到位地回應了同志社群裡，以彩虹作為象徵和平、愛和多元訴求的符號。

回憶起他第一次向家人出櫃，是在香港大學唸書的時候，因離家遠的關係，與來港旅行的姐姐會面時，藉著晚餐後的閒聊就坦白了自己的同志身分。他也打趣地求姐姐回國時，順道轉告其他的兄姐。至於對父母出櫃，是他隔年回家時親自告訴父母，雖然父母當下很震驚，但沒有太大的情緒反應，也只能漸漸地接受兒子是同志的事實。他說自己是幸運的，他沒有一定要跟異性結婚、生兒育女的壓力，因其他家庭成員都已成

▲ 於 2020 台灣藝術史研究學會發表《商討亞洲酷兒雙年展的實踐》後一起前往台南美術館參訪

婚。在姐姐們得知自己的弟弟是同志時，都驚訝地反問他：「你在中學念書時，不是有寫過情書給女生嗎？」

表錯情會錯意很尷尬

黃樹發回憶說：「會寫情書給女生，那是初中時期受同儕壓力，少男情竇初開吧！」真正意識到自己喜歡有一位男同學陪伴的安全感，是在高中、大學時期才真正確認的。對於他的同志身分，初期家人雖然無法理解，最後還是默默地接受了。因為深愛他的家人們都知道，黃樹發從小就是個很獨立且自愛的好孩子，只是擔心他「誤入歧途」，一時疑惑走上辛苦獨老的同志晚年罷了。

在大學時期，黃樹發參與社團活動，有一個固定的社運

青年朋友圈，這讓他遇上了一位欣賞的男性朋友，他知書達禮且細膩爽朗。後來，黃樹發鼓起勇氣寫了一封情書向對方告白，這位男性朋友隔天就騎著機車來到他的宿舍，很坦然且大方地告訴他：「我不是同志，但是我可以接受你是同志。」黃樹發笑稱自己很尷尬表錯情，這個男性朋友人很好，很感謝他陪自己聊了一整晚。尷尬的他迴避了一個多月後，才釋懷地與這好朋友相約如往昔。

大學畢業就業後，他因這位好友在信中提起台灣紫藤廬及原住民音樂節的點滴，便促使他來台共同自助旅行。他們一起搭上北迴鐵路，騎機車到太魯閣、花蓮、野柳等風景名勝區旅遊。甚至在九份的民宿中認識了在地的一名女藝術家，彼此結下緣分。黃樹發笑稱他之後的告白都沒有開花結果，好友告訴他，應該在告白之前先問對方是不是同志，就不會那麼容易失敗。他強調自然表達欣賞對方的愛意，對方接不接受是無所謂的。因為每一個人都可以自由選擇是否接受他，不需要那麼在乎結果。

▲ 與當代藝術同儕參訪新開幕的嘉義美術館並與館長合影

碩士論文以香港同志空間為題

慢慢學會察言觀色的黃樹發，漸漸打磨出屬於自己的「Gaydar」。後來在吉隆坡就職時，他索性參與同志圈的粉紅三角（Pink Triangle），這個組織有針對男同志社群提供相關愛滋諮詢的輔導。畢竟馬來西亞那時，還是一個相當保守的回教國家，不可能明目張膽地出櫃。在組織裡的聚會，大家都是同志，他遇到了一位共同參與電影俱樂部的文友。在那之後，大家算是心照不宣。有一次黃樹發以粉紅三角的身分，深夜在同志常出入的公園派發保險套，突然收到友人的信息，問他是不是在公園當志工。當下，他才意識到這位廣播界的朋友也是同志，只是不便公開出櫃。關於出櫃，黃樹發自認是一步一步，先是自我承認、對自己有意發展的對象告白、參與同志圈活動、向家人出櫃，直到不介意在媒體上談論同志議題。

跟很多同志一樣，他當然也有躊躇困惑的時期，萬一被他人貼上異樣標籤，自己是否能承受他人的批評和誤解？選擇避而不談、沈默不說、彼此心照不宣，好像是那個時代同志共同的寫照。他說：「其實我們誰都無法逃避那個真正的自己。」於是他決定好好接受自己，也不再避諱於公開場合出櫃。

大學時期的他，因緣巧合參加了某基督教弟兄的團契，出席一周一次的查經會。畢業後，他加入吉隆坡教會參與禮拜禱告會，和大家一起唱聖歌讚美主。在這期間，比較難為情的是，

▲ 於英國格林德柏歌劇藝術
節的劇院花園一隅

馬來幫（左四）▶

▲ 獲選為第八屆世界藝術和文化峰會的亞洲代表之一

每當在討論著聖經反同的章節時，他偽裝了自己，不動聲色地默許，潛意識也可能認為自己就是帶有原罪的。在離開大馬前往香港時，黃樹發決定與教會一直關照他的弟兄坦誠自己是同志的身分，因他不想再偽裝下去。在香港的第二年，接觸到基恩之家之後，才重拾了在同志教會的認同感。

香港相較於馬來西亞，對於同志當然是更開放及國際化的，但香港上街遊行的社會運動是「國際反恐同日」，而非慶同的嘉年華形式，兩者之間有異。黃樹發的碩士畢業論文，以「大都會消費性空間：香港同志酒吧、桑拿、夜店」為題，他的田野調查透露了香港對同志並不如想像中開放，是一個很傳統華人、文化父權思想彰顯的城市。他從自己的交往經驗得出，其實他們是不願意出櫃的，兩個人在私下可以很親密，但是走在街上得一前一後。

💚 周遊列國觀摩同志生態

當時，他去了旺角、中環和尖沙咀等地採訪，想了解民眾有沒有意識到上述同志性空間的存在。有的人知道，有的人不理不睬，有的人則十分抗拒。雖不至於唾棄，但大多數是抱持不接受的態度。在蘭桂芳就有一條同志酒吧街，在上環有一區是同志友善民宅社區，那大家又會怎麼看待呢？其實很多人是無法接受的，甚至採訪一位立法委員時，他說自己尊重同志的

存在，不過還是要依大多數人行事，顧及一般民眾意願。

　　黃樹發說在班上只有一名加拿大籍女同學清楚他的同志性向，在最後一學期，大家得向教授自薦論文主題時，他的題目獲得洋人教授的支持且願意當他的論文導師，讓他備受鼓舞。在澳洲里斯本當交換學生時，必須在交換完後繳交一份心得報告，他沒有避嫌地研究當地的同志空間生態完成報告。

　　黃樹發自稱每一次有驚無險的出櫃經驗，都是自然而然發生的事。比如母親應該在很早之前，就發現他的同志傾向。他笑說，自己常在家高歌王菲的「臉」與「暗湧」等，歌詞裡頭充滿著暗喻。再加上後來寫影評，常會在回家周末看同志電影《愈墮落愈快樂》、《美少年之戀》，還有尺度較大的西班牙電影導演阿莫多瓦的影片等。黃媽媽當時無意間看到時，覺得那些鏡頭很噁心。他故意在家看同志電影，就是想讓媽媽及家人們發現、接受和默許——他是同志。至今就算出櫃了，只要有關於同志的正向短片與新聞，他都會發給家人群組，強化他們對同志的肯定。

　　黃樹發在 2008 年應香港國際公司的邀聘後，選擇在新加坡分公司入職。除了離大馬較近之外，也因為當時的新加坡政府多元開放，支持創意城市的概念，歡迎粉紅經濟（又名同志經濟，指因應 LGBTQ+ 族群的需求而生的周邊商機）的注入。像是當時盛行的 FRIDAE（一家多元媒體服務公司，其服務對象主要為亞洲的同志社群）線上平台總部也設在新加坡，於

▲ 與跨國合作的香港凝思文化社，在怡保與務邊進行鄉郊景
　 觀古蹟工作坊後，陪同同儕參訪怡保昔日地下銀行保險庫
　 改造的書店。

▲ 於曼谷文藝中心（BACC）與 SEA-Junction 總監合影

▲ 與由蘇瑤華策展的《以樹之名》在青田街附近的裝置藝術合影

▲ 於 2020 年臺灣同志遊行與裝扮奇異逗趣的泰裔同志們合影

是黃樹發欣然開始了他在新加坡的生涯。除了喜歡自由開放、文化蓬勃發展、文藝活動不勝枚舉的新加坡，黃樹發也接觸到FCC（Free Community Church），一個支持弱勢邊緣人士的教會，其中的多數就是同志群體。在歷經多國的考察之下，他發現每個國家對於同志身分認同、同志空間的存在，和一般大眾對於同志的看法，都會有所不同。

💙 小鼠初進城　沒大驚小怪

在香港他認識了走在愛滋教育及性工作者前線的組織朋友們；在新加坡他遇見了同志教會讀書會的凝聚力；還有各國城市相關的聯誼活動跟表演，比如林一峰的《一期一會》舞台劇、梁祖堯的《攣到爆》，到多年後來自馬來西亞的《PLU-PEOPLE LIKE US》。他感恩不同國家的同志生態，造就了自信的自己。

新加坡的同志消費活動據點雖不少，但在維護多元性向的權益時，也只鎖定在市區商業圈的指定公園裡，沒有香港或台灣上街遊行的氛圍。但出面支持的知名藝人不少，場面相當輕鬆溫馨。到近年廢肛交刑事化的進程，雖功虧一簣，但依然感謝多年來當地的同志組織為同志去汙名化的倡導與努力。

台灣不也如此？經歷了戒嚴的政治解放、不同世代對於同志的包容了解，才有今天傲視亞洲同志社運的局面。相較於香

港、新加坡、台灣，大馬的情況就坎坷很多。當然還有老字號在繼續努力，但也有經營幾年持續不了，或被有意污衊迫於關閉的業者。黃樹發曾經在吉隆坡親自策畫了兩場酷兒藝術展，但只能避重就輕地去推廣，找個灰色地帶引導同志群體，線上線下媒體發聲。他感慨地說：「對於同志，國國有本難念的經，在亞洲區域上做互相扶持呼聲的動作，是有必要的。」往後在歐洲遊學的兩年，在看待同志身分與性空間的話題與場所，黃樹發算是小鼠初進城，只能說「沒什麼大驚小怪的」。

♡ 看《孽子》舞台劇深受感動

　　黃樹發列舉 2017 年大英博物館特展「愛欲認同：探索LGBTQ 歷史」的同志情慾象徵，就開創出不同的觀賞視角。當時適逢英國慶祝男同志性行為除罪化 50 週年，古代的男性與男性發生性行為，會遭法庭指控「不自然的罪行」，甚至可能被處以極刑，迫使流亡海外。在西歐生活的兩年，他從畫作、雕像、電影、歌劇當中，觀摩出當下時代曖昧的隱晦與袒露的同志情懷呈現。在歐洲有的私人博物館可探出當時富裕收藏家或某皇族對同志情懷的喜好，就以拿坡里國立考古博物館為例，讓人臉紅心跳的秘密房間就珍藏了大家一度不敢啟齒的性愛歡愉畫面文物。據說當時的龐貝人認為，陽具銅飾鈴有避開災厄招來好運的效果呢！

黃樹發表示，2018年在英國布萊頓跨性別博物館，展示的 100 多位跨性別者捐贈的物品，記錄了每段追求性別認同的旅程，讓他大開眼界。

▲ 於 2019 威尼斯雙年展館外展出的 Felix Gonzalez 1992 年《無題》（血液）作品前

台灣是全亞洲首個同志婚姻合法化的國家，他強調就是因為嚮往台灣是個對同志接受度較高的國家，他才毅然決然選擇在台北生活，感受其開放友善的自由氛圍。

黃樹發記得早些年，台灣同志的聚集場所也不太多，大家常去 24 小時開放的敦南誠品書局溜達。他在台灣生活一年，參與台灣同志社運進程，親身感受其張力與挫敗。第一次在台觀賞《孽子》的舞台劇，是多麼感動！比起多年前看小說的文本，更能體會當年的時空背景。黃樹發更深層了解，台灣以往的酷兒論述建設與同志共存生態的關係。雖然目前台灣同志婚姻合法了，但跨國同婚還有待改善。他衷心呼籲同輩以及年輕一代的同志們，大可在不同的崗位相輔相成，攜手同心一起往更美好的同志權益遠景邁進。

☆ **同性戀**

同性戀,亦稱為同性向、同性愛,是以同樣的性別或社會性別為對象,建立起浪漫吸引、性吸引或性行為的親密關係,或以此性傾向作為主要自我認同的行為或現象。

同性戀連同雙性戀和異性戀,構成了性傾向連續光譜不同程度之別的三區帶。對同性戀者常用的稱呼為同志,男性為男同志(Gay),女性為女同志(Lesbian)。

☆ **西門紅樓**

西門紅樓位於台灣台北市萬華區成都路上,在台灣日治時期俗稱八角堂,緊鄰西門町徒步區。建築物為兩層高的直轄市定古蹟紅磚洋樓,其外觀為每正立面 8 公尺,1908 年所建。今為台北市著名的文創藝文場所、展演空間與同志酒吧聚集處。

☆ **同性戀恐懼症**

英語為 homophobia,亦稱恐同症或反同症,是指對同性戀的排斥,包括涉及反感、鄙視、厭惡、仇恨、偏見和歧視,可能是基於恐懼,有時也涉及到宗教信仰及社會文化的影響。

(資料來源/維基百科)

Chapter 3

多樣同志　繽紛豐富

11
唯有真知才會有真行

林裕珊
高雄軟實力中心會長

易經顧問

經歷

台北富邦銀行風險管理處主任

蛻變遊戲帶領教練

軟實力漢神分會會長

專長

易經、刀療、企劃整合

座右銘

每件事的發生都有其快樂的意義來豐富我的生命。

▼ 2017 年 11 月於愛之船啦啦時尚概念館的同志生活經歷訪談

💚 長成自己想要的模樣

我出生在一個小康家庭，父母忙於工作。因為是唯一的女兒，所以我留了一頭長髮。大人都說可愛漂亮，但我卻沒有感覺，我也不喜歡穿裙子、綁頭髮。儘管我非常彆扭，但媽媽還是喜歡將身為她女兒的我，打扮成可愛長髮公主的模樣。而我也一直按耐著自己不喜歡像女生穿裙子的心，繼續滿足媽媽的喜愛。

某天，我和堂姐們在一起看著日劇，劇中男主角一頭挑染的短髮，十分帥氣好看。在當下，我立刻產生要馬上去剪短髮的衝動，因此我一股腦兒跑去理髮店，把長頭髮瞬間給剪短了。回到家雖然被媽媽唸了半天、白眼了兩個月，但我卻很開心終於可以成為我自己喜歡的短髮模樣，真好！

在家中只有哥哥和我兩個小孩，因此童年幾乎是和哥哥玩在一起，打任天堂、玩四驅車、組合模型都是我們的最愛。記得有一次，爸爸朋友的女兒來家裡，要跟我一起玩芭比娃娃，為娃娃梳頭綁辮子，當時的我很不耐煩地只待了一分鐘，轉頭就跑去和男生玩。到了晚上，也很自然地睡在男孩堆裡。從小我就像個男孩一般，與哥兒們膩在一起玩耍。

▲ 2020 年 6 月於高雄夢時代參與同志
藝術家郭瑞雯的立體浮雕展

▼ 2020 年 10 月與印尼博
士生至愛之船朝聖，期許
自己在印尼也可有同志推
廣服務的商店。

▲ 2020 年 6 月於高雄夢時代參與同志藝術家郭瑞雯
的立體浮雕展

高中時期，我就讀台北女校。喜歡運動的我，很積極參與球類的活動，課業因此有所荒廢。在某一次要交期末作業時，我拖延很久都無法交出功課。這個狀態讓老師實在頭痛，因此班導請來了班長，協助管控我的作業進度。當班長一走進來時，那一瞬間的空氣彷彿凝結了一樣，當下我整個腦袋都當機了。當時覺得眼前的這位女生舉止優雅、氣質出眾又聰明，還非常溫柔地講解作業給我聽。這是我第一次，對同性有這般心動的感覺，全程都紅著臉。

❤ 少女情懷總是詩

　　從那天開始，我的眼睛就離不開班長的身影，一有空檔，哪怕只是一分鐘的時間，也都很想和她多互動與靠近。這段學生歲月裡的情感，是如此的青澀又讓人無法忘懷。我觀察到她都帶家常菜的便當來上學，當時我家是開牛排餐廳的，帶去學校的便當都是一些餐館的牛排跟雞排，同學都很羨慕，但其實我早已吃膩了這些高檔肉品，於是想出了一個「交換便當」的好計畫。我特別請我家廚師，每天幫我煎牛排帶便當，就是為了可以「名正言順」地與心儀的班長坐在一起，共度美好的午餐時光。除了「交換便當大作戰」的歡樂時光，我還會去「搶」她外套蓋，睡午覺時蓋上外套，就有她身上香香的氣味，彷彿彼此依偎在一起，非常幸福！因為有這位讓我心動的班長，讓

▲ 2011 年 1 月受西門紅樓壞男愛世界的邀請設立同志諮詢
　服務

▲ 2011 年 1 月受西門紅樓壞男愛世界的邀請設立同
　志諮詢服務

▲ 2020 年 5 月於台旅文化商圈設立街頭藝人市集提供諮詢服務

我的高中生活變得甜蜜許多。

　　然而，當時的社會風氣保守封閉，女生要公開喜歡女生、女女戀不是一件容易的事。雖然在女校，女生之間牽手、玩在一起是很稀鬆平常的事。但我就這樣陷入了沒辦法再進一步、確認跟班長彼此關係的瓶頸。在那年的暑假，另一班女神級的人物，居然主動邀請我去六福村玩。遊玩時，她一點點地與我貼近。當時我們一起拍照、一起玩樂，之後班級烤肉時，她主動跟我玩遊戲，途中還有牽手與親臉頰的情節。

　　之後的某一次，我跟這位女生在從福利社回教室的途中巧遇了班長，班長看到後，沒說什麼，掉頭就走了！當下的我很想去追回班長，但因那位女生拉著我，我回頭看了她一眼，她鬆開了手，也氣沖沖地走了，只剩下我傻在原地不知所措。那時自己太年輕了，對於情感的察覺和處理太笨拙，後知後覺的我才發現自己被兩個女生同時喜愛著。

❤ 愛的初體驗

經過大約兩個月的時間，是我的生日，這位女神級的女生親手熬夜做了超大把的手工玫瑰花給我，留下一句「生日快樂」後，就再沒和我有交集了。事後，她的朋友來跟我說：「妳真的沒心沒肺。」連我自己的朋友也說我很白癡，怎麼不知道對方的心意呢？在經歷這個事情後，我還是決定去追求心儀的班長，沒多久就正式和班長在一起了。

那時，我和她在學校還是維持同學般的相處，放學回家的路上，就是我們約會的好時光。她住三重，我住東湖，彼此之間的距離很遠，每次我先陪她搭公車回三重，自己再搭公車回內湖，加上約會的時間，每天大概要花 3 個半小時，但我卻甘之如飴。當時因為社會風氣保守的關係，女女戀往往會引起異樣眼光。班長對於這種異樣眼光會感到不舒服，於是，體貼的我都會先在她下車的站牌等她，再開始我們小倆口卿卿我我的甜蜜時光。

有一次被她姐姐看到，害班長回家被質問了一番，還說：「不要亂搞同性戀，這是有病的！」聽了這句話，我覺得很難過。為何女生不能和女生在一起呢？難道喜歡一個同性的人有錯嗎？為何愛一個同性的人，要背負那麼多的異樣眼光和負面批評？此後的我們再沒有之前那麼的快樂和自在，感情也隨著畢業而消逝。

💜 逃避的日子

出社會後，我在銀行上班，工作順利，也在 3 年內被提拔為單位主任。乍看之下，一切都很美好，但其實內心是空虛的。情緒很容易起伏不定，會不自覺的脾氣暴躁，在日復一日之下，我主動離職了，那時我 26 歲。有一次，在晚餐時間的電視節目中，報導了同志出櫃的新聞頭條，我媽開玩笑地說：「妳上報啦！那人是不是妳？」

我當下狠狠瞪了我媽一眼說：「妳很無聊！」之後我就離開家回南部找大學同學，當時有一種不想回家的複雜心情。回想那時我突然離家，真的讓我媽媽很傷心！而我除了逃避，也不知道要如何是好。因為我不懂，到底要怎麼做才可以在不傷害家人的情況下，做最真實的自己呢？

在逃亡南部的歲月裡，我是處於無人管的狀態，因此開始半自暴自棄地過日子。當時的自己，覺得生活太孤單寂寞了，想找人陪，只要有女生願意跟我交往就很萬幸了。畢竟女女戀並非主流，而且一般的婚姻、完整的家庭和生兒育女等，都是我無法給予對方的。

這一切的種種，讓我產生了自卑的心態，只要是對方要的，我一定想辦法滿足她的需求。那是一個失去自我的空虛狀態，兩人長久相處下來，我就是一個「累」字。回首看，那其實是一種亂愛，不是真正的戀愛。

▲ 2018 年 8 月於中山堂與「不男不女」舞台劇導演陳立婷（左五）、愛之船啦啦時尚概念館店長 Kitty Lee（左四）合影

▲ 2020 年 5 月於台旅文化商圈設立「愛呦我的媽」母親節諮詢藝術服務

❤ 天竺大師是我生命中的貴人

　　直到我遇見了生命中的貴人——天竺大師李芯薇老師，這一切亂愛的無限輪迴，才終於可以告一段落。她用易經來還原我的人生，準確度 1000%，我才知道靈魂本身就沒有性別之分，我是女兒身男兒命，很多的行為、舉止、思想會比較中性。當下我的疑問全開，自我肯定慢慢回到我的身上。很多內心的疑問，若沒有明白了解，自我就會逐漸消失，只留下本能反應產生的行為。在情感交往上，當然會造成無數空轉的愛情，這時我才明白，沒有自我，在情感相處上真的很可怕！在天竺大師的帶領下，我逐漸走入先天易經的諮詢服務，同時也開始進入修行之中，試圖終止我這無知無感的狀態。

　　在這 10 年命相諮詢修煉的期間，遇到了許多跟我一樣的同志自我認知問題。比如，有一名 30 歲的直升機飛行官。從小自認為是男生，但卻擁有女生的身體，對於周遭的人，她的內心無時無都在產生猜忌懷疑。在軍中更是男尊女卑的體制，讓她覺得無法升遷到上校，一定是長官在乎她的外貌不男不女，這些猜疑讓她每天活在自我詛咒裡，痛苦地無法自拔。

　　另一位的客人是 40 歲的中性 TB（Tomboy 的簡稱，較男性化的女同性戀者）。她在某一次環島旅行中，來到高雄和我結緣。她一路被胃癌纏身，近 6 年期間都在手術房病床來來回回，醫院就如同她的家。那時的她，身體狀況很差，同誌命相

協助她找出了糾結的根源。原來是她前任無數次的出軌，但她每一次都選擇原諒，甚至還求前任回來。讓自己的生活陷入不斷地哭泣、不斷地貶低自我的循環之中。漸漸協助她回溯到更年輕的時候，她對於性別自我認同是有障礙的，長期累積的憂鬱情緒和封閉心理因素，都不斷影響她的健康，導致癌細胞擴散。「心病還需心藥醫」，可惜緣分來得太慢，去年她已過世。

唯有真知才有真行

修行與行修，最重要的就是覺察每一個當下的狀態。先順心，再不斷讓自己的想法改變，進而智慧地圓滿雙方。我更學會，如何在不傷害父母也不委屈自己的狀態，平衡身心靈。

記得，在某一次家族聚會後，我父親很難過地說：「親戚都說我有兩個兒子。」以往我會以很憤怒或無關緊要的方式跟我父親說話。但當下的我，真心覺得我感受到了父母的傷心和無奈。我選擇輕鬆面對，順從自己的心，並顧及父母的感受。現在

▲ 2020 年 5 月於勞工局新住民文化市集

我不需要再因自己的同志身分，而說謊、拖延、敷衍或者再次離家出走消失半年，因為我學會了正視自己是同志，讓自己平靜輕鬆的堅定，相信父母對我的愛，只是他們也需要時間接受。現在我已不會再被逼婚，或特意做我不喜歡的事了，和家人之間的相處變得自在快樂；在感情上更能好好表達自己，與心愛的對方耐心溝通取得共識，攜手共度美好的生活。

「唯有真知才會有真行」，修行就是覺察內在每一個當下的自我感受，好好表達並展現自己的想法，讓周圍的人都明白。不用因同志身分而逃避或壓抑地生活著，也不需要覺得自己異於常人，每一個人在地球上，都是有使命和意義的，就是因為不一樣，社會才會有趣並且豐富。

在修行自我的同時，我用易經開始我的諮詢命相服務，發現跟我一樣的人比比皆是。過往同志在社會傳統文化上是多麼封閉與不自在，甚至還會有「我的存在就是個錯誤」的負面想法。在給予同志朋友服務的過程中，我秉持著天竺大師教我的觀念：「每天其實都是新的開始，不要被昨日限制。」協助每一位同志朋友，開啟他們對於自我的認可和生命的價值，找回自信運用在生活中。

我個人研究，在文學上的「誌」有記住、記憶、記錄、記載的意義。我希望讓封閉的同志圈變成「同誌」，讓我們在世界上，有被存在和記住的價值和意義，讓更多的人發聲，讓更多的人了解，我們其實並沒有不一樣。

▲ 於愛之船啦啦時尚概念館合影

▲ 於愛之船啦啦時尚概念館合影

12
走在光裡　異同在一起

鄭阡荏
彩虹地圖性別友善旅宿 AGA 發起人

阡陌一宿 UNS 負責人
高雄彩虹地圖發起人
性別友善旅宿 AGA 發起人

經歷

打造南高雄的彩虹地圖、結合民宿業者打造性別友善的住宿環境
參加各種同志活動與跨國同婚事務
希望能讓高雄有一個彩虹部落

專長

推廣、策畫與執行同志活動

座右銘

勇敢做自己。

▼ 帶領友善房客與房東參加台南彩虹遊行

（口述／鄭阡荏；採訪／黃敏怡、陳鎂鎂；文字整理／黃敏怡、林清琇）

💜 同志藥不藥

　　倘若每個人的心裡，都有收藏自己內在最深秘密的潘朵拉盒子。當潘朵拉的盒子打開時，你會帶著什麼樣的心情呢？鄭阡荏（Ryan）是高雄阡陌一宿的負責人、高雄彩虹地圖的發起人。當他在面對自己心裡的「潘朵拉」盒子時，「誠實以待」往往是最痛且最有效的方法。他強調：「因為我們總不能躲在櫃裡一輩子，那就一次釋放不能說的秘密，讓自己這一輩子，都能走在光裡，與所愛的人幸福一輩子。」他出生於台北，曾留學於南京中醫藥大學，為愛南下高雄，在美國與自己相愛的人結婚，成為一對跨國伴侶（先生是中國人）。但在幸福的背後，同志身分曾經讓他恐懼，他也曾經為此而逃離。

　　回顧這一切，因為同志這個身分，生命因此而體驗和獲得了許多。鄭阡荏在念幼稚園時，就發現自己喜歡男生。小時候，不明白這是怎麼一回事，也不會去理會。隨著年紀逐漸成長，他內在開始出現一種幻聽──「同志不行，那是一種病」的聲音。今年 35 歲的他回顧說，以前社會風氣很保守，當他意識到社會對 LGBT 不友善時，他便偽裝了自己。「模仿並讓自己成為男子漢」是他那時候的日常，因此身邊的同學，沒有特別察覺他的性向，反而有一些身材較為弱小的異性戀會被欺負。他說對於《刻在你心裡的名字》這部電影裡頭的時代背

▲ 臺灣同志遊行

景、同學之間對於同志的霸凌，十分有感。與當年自己成長的時空背景，是很相似的。因此，在這樣的環境裡，他只能不動任何聲色，無法伸出援手，但是內在的幻聽從來沒有少過，如此痛苦！

15 歲的鄭阡茬，第一次嘗試初戀的滋味，彼此之間很單純，靠網路來維持關係。因為性向的關係，他選擇去中國念大學，看似是逃亡，然而這個遙遠的距離，卻製造了更多與自己和家人對話的機會。他說長達八年的時間，每天都困擾著他內在的痛苦幻聽，竟在家人接受自己是同志的那刻起，不藥而癒完全被釋放了！

💜 家人的愛是最好的良藥

就讀高中時，他的父母就會問：「你到底是不是同性戀？」

不知道該如何回答的鄭阡茌，都採取避而不談的方法來應對。有一次他帶正在交往的男生回家，兩人關在房間裡約會。鄭媽媽猛敲房門，歇斯底里地大喊：「你們在幹嘛？你到底是不是同性戀？」正值年輕衝動的鄭阡茌，邊穿衣服邊用力開門而出，氣沖沖地對著媽媽咆哮：「是又怎樣？不是又怎樣？」事過境遷，多年後的今天，他強調父母親只要並非親耳聽到兒子自己承認是同志，都會默默在心裡鬆一口氣，覺得兒子還有娶媳婦的機會，哪怕只有百分之一的希望。

　　大學快要畢業前夕，他一面痛哭著，一面與父母坦白自己是同志。家人對他而言是很重要的，他不想要因為自己的性向而失去親情。因此，他勇敢做決定。從那時候起，開始和家人之間互相磨合，一點一滴地讓家人明白真實的自己，帶著家人跨出去。儘管中間也有灰心的時刻，認為是否跟某些同志一樣，一年回一次家吃團圓飯就好。但他無法接受最後與家人關係疏遠，因此每一次覺得難過時，他還是會在哭泣中站起來與家人對話。

　　經歷了不曉得多少次的靠近、推開、難過再站起來，不斷反覆進行。終於，皇天不負苦心人，他得到了家人的認同支持，甚至父母和弟弟也有來支持同志大遊行，陪著他一起走這段彩虹路。對他而言，這是多麼值得珍惜和感動的過程。他其實可以選擇與家人避而不見，但他卻勇敢地面對。鄭阡茌以自身經歷鼓勵旁人，當同志不可能只躲在衣櫃裡，在沒有未來的藍圖

▲ Airbnb 全世界大友善平台 LGBTQ 舉辦之 We Are One
趴趴走

▲ 於性別友善旅宿 AGA

▲ Airbnb 全世界大友善
平台友善民宿、旅店、
房東、房客遊行活動

Airbnb 全世界大友善
平台友善民宿、旅店、
房東、房客遊行活動 ▶

▲ Airbnb 全世界大友善平台友善民宿、旅店、房東、
房客遊行活動

中迷路。我們是可以圓滿一切，讓生命發光的，只要願意勇敢堅持。

💜 我們的愛都一樣

在同婚前，大家都很壓抑，很多人不敢出櫃。但在通過同婚後，他看到街上有許多同志，手牽著手走了出來。大家的臉上都洋溢著一股幸福的力量，是很自由開心的感覺。他欣慰地說：「法律是最低的道德標準。」同婚法通過，在社會上或教育上對於 LGBT，才是真正有了「身分」。對於許多同志朋友來說，是很重要的。以前有許多人發現自己的性向後，都沮喪覺得沒有未來。但在同婚法通過後，許多同志伴侶都一起規劃生活。同志悲哀的陰霾，在台灣的天空漸漸散開了。

婚姻，是社會的安定神針，彼此互相扶持，獨居的人也會減少，治安也會變好。同志婚姻通過後，許多同志朋友都看見了希望，以前覺得要避諱的，現在都可以自然融入社會。

小時候的鄭阿荏，常常都會幻想著電視劇裡頭，男男女女在一起相識相知、相愛相守一生的浪漫愛情故事情節，這是他對於愛情與婚後生活的啟蒙老師。他和伴侶本身，都很常帶家長一起旅行，前前後後有 7 次，他說這是一件很愉快的事。現在很多人都忙於生活，忽略了和家人相處的珍貴時光。他不僅僅能從同志幻聽中走出來，還能與自己的家人和伴侶的家人和

樂融融地相處，是一件非常開心且幸福的事。

鄭阡茌說，很慶幸自己能遇到一位可以攜手共度美好人生的伴侶。他的伴侶 Righ 來自中國北方，他們曾經接受聯合報採訪，標題是「在愛河墜入愛河」，這鐵定是一場浪漫的邂逅。Righ 習慣帶媽媽到處旅行，有一次他來到高雄時，不小心在愛河迷路了。遇到了 Ryan 問路，彼此還互加 WeChat，兩個陌生人便隨著「愛河」的牽線和網際網路的橋樑，促成了這段跨國良緣。Righ 是一個很主動的人，然而 Ryan 卻有許多現實的考量，兩個人生活在不同的國家，未來依然是需要更花心思去規劃的。

💟 攜手共度每一個日常

在認識半年後，Ryan 才答應和 Righ 在一起。在一起生活久了，彼此相愛的他們也漸漸想要步入婚姻。Ryan 是相當期待的，家長方面也早已出櫃，但是 Righ 反而有家庭的顧慮。Righ 說：「好啦，明天就去跟媽媽坦白。」一句「明天」卻醞釀了一年，結果成了「明年」。沒想到的是，Righ 的媽媽欣然接受，雲淡風輕地說：「多一個兒子，也不錯。」Ryan 和 Righ 都被這一句話感動了許久。

然而就算在美國結了婚，兩人卻都必須分隔兩地生活。因此，Ryan 開始焦慮了，他希望彼此能在高雄一起攜手共度每

▲ 受邀參加 LGBT 分享會
　演講

高雄彩虹導覽
穿越愛河羅曼史 ▶

◀ 活動集錦

▲ LGBT 遊行後聚會

一個日常。所以在 3 年前，Ryan 走上了街頭參加同志大遊行，捍衛自己的幸福、爭取平權。Ryan 笑說，人往往火燒到自己時，才會去關注與行動。當他走出來當一個參與者時，心情是如此開闊，不會怕被別人看見。因為 Ryan 說：「我要做我自己，救自己的老公。」

隨後，身為民宿業者的 Ryan 也組織同業一起去參與這個遊行。後來許多同志的業者、友善商家或友善民宿聯盟，甚至曾經的住客與 Airbnb 平台，大約上百人就這麼凝聚了起來，他的心感到非常溫暖。有了這次美好的經驗，Ryan 就想要延續這個精神，繼續下去。

在 Ryan 的旅店，有一些讓他印象深刻的事情發生，驅使他更加堅持地要為性別友善盡一分力。某天，有一個女性客人來訂客房，她想要入住混合間的客房，但其實很少有單獨一位女生想要指定入住男女混合間。那天，Ryan 接待了一整天的客人，都沒留意到女孩就在客廳人群裡，直到半夜剩下 Ryan 與女孩獨處時，Ryan 才發現對方是一個跨性別的女裝男生。

這位客人說，因為不敢告訴別人，不想讓別人發現自己的性別，所以入住混合間是讓他最安心的選擇。Ryan 在這幾年間，對於營造友善空間下了不少功夫。比如刪掉一些會有標籤性的用語、設立性別友善廁所等等，讓中性的人有容身之地。自己先釋放友善，主動去化解對於性別問題的隔閡，其實距離就會立刻產生變化。

💜 兩個人的愛情　與性別無關

在大陸唸書的時候，Ryan 很常去背包旅行，在途中認識了一位直男朋友，大家很聊得來，在蘇州和香港都有遇見。之後，這位朋友來到台灣，適逢《丹麥女孩》的電影上映，Ryan 和朋友為了這部片辯論得不可開交。然後這位朋友坦白跟 Ryan 說，其實他本身不大能接受 LGBTQ 的事，但願意傾聽。隔天，這位朋友拿了《丹麥女孩》的書給 Ryan，原來對方在昨天聽完 Ryan 的想法後，跑去書局把書給看完，然後說很感動。

在參與了許多同志活動後，Ryan 便開始思考——我能為同志族群做到什麼程度？他覺得應該以舒服、自然、可持續性和能真正幫助可互利為原則，結合民宿旅遊與社區鄰里的關係都很重要。因此，他開始串連周邊商家、規劃彩虹地圖，也參考過台北的同志社區年夜飯、台南日間咖啡在跨年的溫馨活

▲ 與爸爸於台灣同志諮詢熱線南部辦公室合影

阡陌一舍 UNS
限定新年禮物 ▶

▲ 帶領友善房客與房東參加台南彩虹遊行

動等，勢必全方面地幫助同志族群在食衣住行育樂的不足。今年，Ryan 打算在大年初二，舉辦一個同志回娘家的年夜飯活動，讓同志朋友們可以溫馨的聚首一堂。Ryan 想把自身的行業，結合性別議題，輕鬆自然的一直做下去。

　　Ryan 希望自己做的彩虹地圖，能在高雄鹽埕好好地孕育發展。所有的一切都是從愛河開始、從愛河出發，高雄同志運動的脈動就出現了，希望能在此成立 LGBT 村。他強調，每個城市都有 LGBT 村，讓大家有一個聚集和發揮的地方，同時也能讓更多人認識，讓更多人融入且帶動經濟，是一舉兩得的事。讓 LGBT 成為日常，讓關懷成為習慣。希望以後關於兩個人的愛情，再與性別無關，「真誠」地對待自己與別人，就是幸福的關鍵。

13

Be Our Best
做最好的自己

Eve Teo
國際身心靈引導師

社會企業家

經歷

Light Program Red House 光計劃紅樓　共同創辦人

Asia Rainbow Ride 亞洲彩虹騎行　共同創辦人

Love Boat Shop 愛之船啦啦時尚概念館經營團隊

專長

先知塔羅、講師、天賦藝術、國際貿易、行銷規劃、資產管理

座右銘

Be Our Best 做最好的自己。

▼ 2019 年 1 月參加攝影師 Sarah Deragon 的 The Identity Project
刊登於 Taipei Times

♥ 家門常被潑紅漆寫欠錢還錢

我出生在一個新加坡的平凡家庭，記憶裡的母親要身兼三份工作，供我跟哥哥上學。放學後的我最期待到阿姨家，跟表兄弟玩在一起。從母親身上，我看見為了生活必須忍辱負重，靠勞力與時間換來生存，娛樂與休閒是奢侈的享受。

讀書時期的我，對生活感到模糊、疑惑，不太清楚我在這世界上是為了什麼？似乎每個人都有各自在忙的事，而我呢？老師對我的評語總是貼上「不專心、發呆、做白日夢」的負面標籤。

所謂貧賤夫妻百世哀，從小父母都是三天一小吵、五天一大吵，而原因無非是為了錢。父親在外欠錢，債主上門來如果討不到錢，就會直接潑油漆在我家大門上。每當看見走廊上的鮮紅油漆字跡寫著「欠錢還錢」，我就知道大耳窿（地下錢莊）又來過了。我 11 歲那年的某一天，父親出門後就再也沒回來。雖然很慶幸父母日日夜夜的爭吵終於停止了，但我腦海裡還是會常常浮現：「父親去了哪裡？」

18 歲的暑假，我在百貨商場打工時，眼角餘光隱約看見一位站在店門外的男士，身型高瘦、面相憔悴。我仔細打量了一陣子才反應過來，這位陌生的男士竟然是我的父親。我很慶幸父親還活著，但不解為何他離家後一去不返？7 年未見的父

▲ 2019 年 4 月第一次家人一起旅遊，在泰國曼谷的寺廟靜坐。

▼ 2019 年 11 月台灣南投之旅清晨觀景

▲ 2018 年 10 月與 Olivia 到最愛的台灣餐廳 RAW 慶生

親一開口，竟然是向我借錢！心中除了有千百個問號，這個景況還瞬間點燃了我的怒火。眼前父親蒼老憔悴的樣子，不知是不是流浪街頭？而因為無法盡到女兒孝順照顧父親的責任，我心中也有百感交集的悲傷。

💚 一忍再忍的一廂情願

念大專時期的我，展開對愛情的探索。對感情專一、重視的我，當每段戀情結束時，都發現自己的習性、個性讓我意識到「緣分」這一回事，而浪漫愛情片的一眼鍾情便真實地發生在我愛情故事裡。我和高中時期一見鍾情的對象，經歷了十年起承轉合，終於相愛在一起了。當時的我單純覺得人生就此美滿，再難的事也會因為有深愛的人就能一起跨越，對人生充滿了希望。

然而，人心善變，計畫永遠趕不上變化。隨著兩人生命走向的分岔，看似美好的一切因而改變，兵變因此而來。因為無法接受自己精神出軌，而忍痛斬斷了原想走一輩子的戀情，長久以來建構的自我認識、對感情的了解瞬間瓦解。面對剛結束的戀情，我不敢相信自己竟然成為拆散他人的第三者，當時的我內心充滿愧疚、自我懷疑、嫉妒、懊悔……

　　之後的戀情，有好幾次都是我一廂情願。因著從小向媽媽學習到的「忍」字，就在這樣一忍再忍的痛苦當中，讓我徹底頓悟感情的事不是我努力忍忍忍，就可以改變對方心意的。當「忍」傷害到了自己時，就不要再忍了！對感情的迷惘使我向外尋找，在自我探索的過程中，完成許多自我察覺及領袖課程，這些新的學習，足以翻轉我的人生觀，讓我決定重新追求自己所渴望的愛情。而我的同志經驗始於一次唐突的對談，朋友們風趣卻又

▲ 2020 年 9 月參加台灣同志中心開幕暨揭牌儀式

認真地問我：「是否能接受與女生交往？喜歡哪種類型的女生？」

💜 瞬間像被打開了第三隻眼

　　一向都與男生戀愛交往的我，從未認真考慮過同性、跨性別的交往模式。我一向喜歡被伴侶緊緊地拉入懷裡，把我的腰摟得很近，這是讓我感受到被愛的方式，也是我對於性別的既有觀念。原以為只有男生才能給我這樣愛的感受，但我相信愛的本質能超越許多標籤，所以答應了第一次的女女約會。舊有的異性戀觀念在同性關係中非常過時、無法套用，例如哪些是男人或女人該扮演的角色、結婚生子定居的問題，都得重新思考、重新理解，還有對方希望被尊重、互動的方式與程度等等。

　　我從不認識任何同志、對同志零概念，到進入結交與成為社群的一部分，好像瞬間被打開了第三隻眼。同志都在你我當中，跟你我沒什麼兩樣，也許長輩一直催婚的表哥、堂姐們，只是沒有向家人出櫃，他們沒說、我們也沒問而已。

　　正式與同性交往初期，一次女友開車接送我與母親到醫院探望剛生產的大嫂，母親當下直覺反應察覺不妥。當晚回到家中，見母親無聲地坐在漆黑的客廳，分明在等我回來。當時一臉生氣的母親跟我這樣對話——

　　母親：「我問妳，妳現在是怎樣？那個女生是誰？」

我：「我的女朋友。」

母親：「妳不要跟我亂來！」當時母親的聲音，是崩潰與顫抖的。

這是我人生中，跟母親最困難的一場對話。母親崩潰的情緒嘶吼著，沮喪的她把女兒交女友的事，歸咎於她與父親失敗的婚姻關係。母親認為我很自私，沒有顧忌其他人會如何看她這位母親，覺得我是誤入歧途、交了不三不四的朋友才會變成這樣——不愛男生，卻愛女生。「這到底是什麼莫名其妙的觀念？為什麼重心是在她身上？」

▲ 2017 年 10 月參與臺灣同志遊行並於遊行車上發言

我很納悶母親為何這樣。已經長大獨立的我，難道沒有自主性、不會判斷？還得要看著別人怎麼看待我們，再決定如何生活？我想跟母親說：「not everything is about you，世界不是因為你而轉。」從母親加諸在我身上的價值觀裡，她對兒女的期望是她很在意他人的眼光，對過去的事無法放下、原諒，更不用說要為自己而活，並且活得自由自在。

▲ 2019 年 10 月在美國參加 Olivia 弟弟
　的婚禮

▲ 2018 年 2 月在加拿大白馬鎮與 Olivia 一家
　一起旅遊

❤ 不從母令　是否不孝

　　母親無法理解和接受，自己的女兒竟是同志，因為她的生長背景與我迥然不同。難以面對的是母親歷經艱辛養育我，但我卻令她心痛萬分。連續兩夜的對質，結論是母親絕對無法認同我的同志身分！而勇敢選擇自己性向的我，依然堅持要當她一輩子的寶貝女兒。哥哥聽聞我出櫃的事，只淡淡地問我，是不是同性戀。雖然他沒有表明支持，但也沒有強烈的反對。而大嫂自然成為家中，最欣然接受我的人。

　　不論是從自我層面、家庭層面、社會層面，成長在傳統思想、文化薰陶下的我，最困惑的是中華倫理標準的百善以孝為先。不從母令，是否不孝？是不是我太自私，完全不顧母親與家人的顏面、感受？畢竟同志婚姻關係在新加坡尚未通過。

　　被迫與母親出櫃後，我努力追求自己想要的幸福。我辭掉在新加坡的工作，到尼泊爾當義工，接著飛往許多國家旅行，旅途中最大的收穫是搞清楚──「我想過一個有意義且無怨無悔的生活」、「沒有嘗試過就不要有偏見」、「要設身處地看對方的世界，而不去決定對方的世界長什麼樣子」。

　　旅途後帶給我的實際轉變是轉行從事飯店業，我希望透過資歷的培養到世界各地去，看看世界有多大！因為經濟壓力進入房地產業務，這讓我學習到經濟自由的方程式與「捷徑」，差別在於人的機遇、選擇與努力。

💟 在愛之船遇見真愛 Olivia

為了尋找自我，我環遊世界多國，並轉行從事飯店業跟房地產業，這讓我坐擁高薪，物質生活變好，懂得享受人生。表面看來我的生活令人羨慕，但可怕的是我早已預知，自己下半生的生活模式。

工作對我來說，開始失去了更深的意義。為了享受人生而努力賺錢，這個理由對我失去了吸引力，自己創下第一名業績的滿足感，其實也不會持續多久。這份對於生命感到缺乏意義的莫名空虛感，推動我再次探索生命的意義。

有一次來台灣旅遊時，與 Olivia 在愛之船啦啦時尚概念館認識。之後，我便決定搬來台灣了解我的生命意義。身邊最親近的人都看不懂我為什麼要離鄉背井，來台灣學塔羅牌、脈輪療癒，那些他們不懂的東西。

💟 由亂愛步入共修的愛

在過程中，我接受自己的不完美、接受別人的不完美，努力修正自己圓滿別人。現在的我活得更自在、與人相處更舒服、處理事情也比以往更有智慧，甚至協助他人蛻變，讓我活得越來越像自己，也發現這就是身為同志的一大人生課題。我看見有太多人困在自己、家庭甚至是社會設定的價值

觀，有些人試圖在安全範圍內做自己，但回到現實又被打回原形。非常感恩我有一位「誌同道合」的靈魂伴侶Olivia，二十一世紀如此混亂

▲ 2019 年 12 月與 Olivia 的靈魂證婚

，十對夫妻八對離，若不懂得是戀愛還是亂愛，真是難上加難。

　　後來，我逐漸察覺沁、身、靈與人事地物，並找到自己合宜做人處事的方式。由亂愛步入共修的愛；從擔心別人如何看待自己，到自我認同與和諧面對；從被排擠的邊緣人，到成為具有影響力的社會運動者，這是我近年來步步耕耘，在同志圈裡看見的改變。

　　我在沁身靈整合歷程中，體認到靈魂主宰肉體。而我的靈魂帶著我一路經歷家庭的不和諧、愛情的不順遂，最終了解人生不一樣的意義，開闢自我認同的途徑。

　　近年來，我與許多夥伴在愛之船啦啦時尚概念館、光計劃西門町、光計劃紅樓服務，協助不管是同志或是尚在找尋方向

▲ 2020 年 10 月 NBC 臺灣同志遊行報導，Eve 和 Olivia 代表跨國伴侶（照片來源：Louise Watt）

▼ 2020 年 10 月首屆亞洲彩虹騎行參與者在西門捷運六號出口彩虹步道合影

▲ 2020 年 10 月 VICE 採訪光計劃紅樓的先知塔羅（照片來源：Clarissa Wei）

的人。我在社區擔任講師，一起與長者發現生活意義的延續與智慧的延伸。我對未來也充滿無比的希望！2020 年，我與五位同志夥伴一同舉辦首屆亞洲彩虹騎行，透過正向、健康的自行車活動，為非營利同志組織募款、介紹台灣的美，更讓大家有互相交流、互相支持、活出自己的機會。

　　相信在二十一世紀的資本主義社會裡，我們能夠進入精神超越物質的年代。同誌代表自出生以來，不斷尋找真自由，從外在物質的自由、時間的自由、地理環境的自由，到情感層面的無束縛，甚至到發揮靈性天賦的自由。我相信自由是許多人，來到這世界上最想完成的事，祝福各位在人生道路上，每一步都忠於自己。（感謝吳懿芳協助潤稿）

14
曼谷愛情故事

陳伯昂
新竹風城部屋同志服務中心成員

經歷

U=U 同儕講座講師、同志心理健康促進計畫企劃（2016~2020 年）、HIV 篩檢活動、新竹彩虹文化祭
參與全台同志遊行活動、世界愛滋日活動（除汙名化）和新竹東門城彩虹地標等

專長

推廣促進 LGBTQ+ 的活動、HIV 衛教宣導

座右銘

永遠不要在非常開心或低落時下任何決定。

▼ 於紐約第五大道的結婚照

（口述／陳伯昂；採訪／黃敏怡、陳翊曦；文字整理／黃敏怡）

🤍 與跨國伴侶的婚後日記

「風城部屋是北區同志服務中心，英文叫做 Gisney Land，希望能打造一個有如迪士尼夢想樂園般快樂、幸福、健康的友善空間。讓同志朋友們可以自在生活、活出真我。早在十年前初出茅廬的我就在參加台灣的各個大大小小同志活動裡，有幸認識風城部屋的成員。他們親切、熱誠、充滿活力，和他們在一起是那麼溫暖快樂！」

陳伯昂（Ted）在風城部屋服務四年，已婚，伴侶是澳洲人。他會很自然直白地告訴周遭的人自己是已婚的，雖然有人的反應會很驚訝，但又何妨。他說，從台灣同婚合法後，社會風氣對同志已慢慢轉變為友善。

陳伯昂也是這場同婚公投的受益者，因為配偶是澳洲人，澳洲比台灣早一些同婚合法化。他說，因為台灣對於外籍人士在台辦理結婚登記手續，還是有許多需要簡化流程之處，為了避免過多繁瑣的手續，及文件表格填寫的程序，他們決定在紐約先登記結婚，再回台灣補辦登記。就這樣，相愛的兩人終於可以攜手同心一起幸福生活。

談及婚後的生活，陳伯昂說，有正式結婚確實對於經營彼此愛的關係會更踏實與安心。舉例而言：在結婚前彼此財務是分開的，現在則是一起買了房子；對於投資也有很多的重疊，

▲ 結婚照

▼ 苗栗同志遊行活動

▲ 高雄同志遊行活動

▲ 於紐約中央公園的結婚照

與澳洲伴侶在台灣登記結婚 ▶

很多資金都可以一起規劃，包括遺產繼承、保險和申報所得稅等，這些在結婚前是無法兩人一起的。

他瀟灑地說：人生匆匆幾十年，回憶 20 年前自己開始了對於自身性向的認同，而社會當時對同志的拘謹氛圍，是一條看似平靜卻不平靜，蘊含著許多需要摸索、努力和爭取的艱辛道路。

💜 在櫃裡的初戀滋味

國中時期的陳伯昂，已經發現自己對同性有好感。有些同學會嘲笑他異於男同學的陽剛，擁有較似女同學的陰柔特質。他說因為本身不陽剛，曾被嘲笑娘娘腔，感覺很不舒服。但性情善良溫和的他，卻只能選擇關上耳朵、不去回應。這也曾讓陳伯昂感到低潮，但生性樂觀的他，暗自鼓勵自己：「幸好國中只有三年，很快就過去了。」

直到高中，他才開始交往第一任男朋友。陳伯昂的初戀是在高中時期，彼此是在網路認識。第一次跟網友見面，是約在高雄壽山看夜景，兩人仰望夜空數星星，聊得很開心。回到家後，對方寫了一封很長的情書 email 寄給他，他的心被暖暖的文字給打動了。

雙方交往大約一年時間，每次的約會除了期待和對方見面，更期待約會後收到對方長長的情書。對方總是會把每一次

約會的細節、心情一一紀錄寫下來，這個暖男的舉動讓他覺得很受重視。那時候的他覺得很幸福，對方是大學生，他是高中生，上下課情人都會騎機車接送，上課肚子餓了，對方會送食物來，非常呵護他。但他也有遇過分手後，還是會不斷糾纏的對象。

大學時期，他也有想嘗試去跟女生交往談戀愛，或許可以讓自己變回正常的異性戀。但嘗試後發現行不通，於是更確定自己是同志。陳伯昂表示，他會想跟女生交往，是因為在學校生活裡，同儕之間相處是有影響力和壓力的，大家的朋友圈都是重疊的，他曾想如果自己不是 Gay，會比較好融入群體、不會被排擠。後來，他認識了學校外面的同志朋友圈，決定自己不需要再隱藏，這個關卡也就過了，可以好好自在地做自己。

❤ 愛情也需斷捨離

從這些戀愛的經驗裡面，讓他學會凡事都要「斷捨離」。感情是雙方的，對方給你，如果你不喜歡就不要被迫接受。陳伯昂說：「如果愛一個人，那就是要看他幸福，而非只有自己能給對方幸福。」他道盡了「愛是不能勉強」的精髓。

陳伯昂人生的轉捩點是決定離開台灣到外國生活。在2010 年時，台灣年輕人很流行去澳洲打工兼度假。陳伯昂說有特別多人去澳洲，而自己則選擇去曼谷創業，開了一家小咖

▲ 新竹彩虹文化季十年回顧展

▲ 新竹縣消防人員 HIV 衛教培訓 U=U 講座會

▲ 台中同志遊行活動

臺灣同志遊行活動 ▶

▲ 校園衛教宣導講座

啡店。陳伯昂表示，曼谷是個非常國際化的都市，有各式各樣的國際人士聚集，就像是地球村的縮影。在曼谷他有很大的空間去探索什麼是自己要的、什麼是自己不要的，在過程中，他漸漸地知道自己想要的是一段穩定的感情，並且是維持細水長流的美好關係。

果真像電影情節般，轉角遇到愛，陳伯昂在自己的咖啡店，邂逅了現在的伴侶。咖啡店就開在他伴侶辦公室和回住所的必經之路，他每天都會習慣來陳伯昂的咖啡店點一杯奇異果加蘋果冰沙。在這家自營的咖啡店，雖然沒賺錢，但卻讓陳伯昂收穫了愛情，並且遇到許多貴人。真愛就是行走天涯海角，來自台灣的陳伯昂跟來自澳洲的伴侶，兩人在曼谷相識相戀，這就是美麗的跨國良緣。

陳伯昂強調，在曼谷的咖啡店做生意沒有想像中的容易，尤其是一個台灣人，在不通曉泰語的狀況下，還有對於當地文化與辦事速度的不熟悉，要經營一家咖啡店生意是不容易的。在後期，店裡的生意不佳，他用了很多方法檢討與嘗試，想要提升店裡的營收，壓力很大。

大約有一個月的時間，陳伯昂每天搭捷運去商場採買水果時，都會因為壓力大，讓他在回程的車上忍不住流淚哭泣。雖然非常努力積極經營，最終還是賠本結束了咖啡店的生意，決定收拾行囊回台灣。慶幸伴侶跟著他一起來台灣定居，陳伯昂露出幸福的笑容說：「在曼谷沒賺到錢，卻賺到了好伴侶。」

▲ Honey moon

▼ 曼谷愛情故事

▲ 紐約的小小婚禮（右四為陳伯昂）

陳伯昂是高雄人，為何會到新竹定居呢？因為澳洲伴侶找到了新竹的工作，因此他為愛移居新竹。

💜 東門城古蹟　六色彩虹地標

　　來到新竹的他，本來是想要找一些服務性質的工作，這樣就能有多餘的時間去當志工。陳伯昂在泰國時，常常幫助遊客規劃行程或訂旅店，也曾經幫台灣客人找回貴重項鍊，認為助人為樂是很愉快的。那時剛好風城部屋在招人，他去面試便幸運入選，有薪資又可以幫助人，何樂而不為呢？加上風城部屋是 NGO 非營利組織，他說在泰國開咖啡店時，每天追著錢跑，這樣辛苦的生活讓他十分疲憊，所以他很珍惜現在風城部屋的工作。

　　在訪談中提起「Gisney Land」時，他說了一件很有趣的事。在迪士尼的故事中，陳伯昂最喜歡的竟然是「黑魔女」，覺得黑魔女長得很前衛，很cool！而且，為何下

▲ 工作照

▲ Love is Love 願這社會能更包容友善

▼ 勞動部的職場性別友善推廣文宣

彩虹文化祭的彩虹東門城一隅 ▶

咒不是讓人死？而是讓人昏睡直到遇到真愛才會醒來？陳伯昂覺得背後動機很令人玩味，沒想到多年後，黑魔女電影出了上下兩集，疑團也被解開了。這個故事讓小時候的他覺得很有好感，認為人不要壓抑。就如睡美人一樣，好好睡覺，等世界變遷後再起來，搞不好世界就不一樣了。

他在風城部屋服務的這些年，總能做出與大城市一樣規模的大型活動。例如去年 12 月 1 日舉辦的紅絲帶基金會「世界愛滋日」，就只有 4 個工作人員而已。而陳伯昂也想在新竹有一個彩虹的地標，因此把東門城的古蹟，打造成六色彩虹地標。積極進取的陳伯昂，每年都會以超越的目標，做出更不一樣、更有意義的事。在風城部屋的日子裡，陳伯昂重新定義了自己的生命價值。

15
找到夢想的喜悅花園

塗又儀
同志心理健康護理師

身沁靈工作者

經歷

曾任多年護理師，遇見啟蒙 ViVi 老師後，更肯定助人不侷限護理，進而全心投入成為助人工作者

2012 年台北同志公民活動愛很大西門紅樓占卜活動

2012 年台灣彩虹文化祭新竹站前廣場

2017 年台南知事官邸愛很大嘉年華身心靈市集

2020 年高雄愛河燈會占卜活動、高雄萬年祭占卜活動

專長

易經諮詢、精油療癒、業餘攝影

座右銘

世界上有一座喜悅的彩虹花園，只要你願意，就能找得到它。

🖤 我到底是不是異類

從小到大的我，就是經歷從自我懷疑到不斷確認，再到肯定自己的過程。記得國小，我只喜歡找特定一位女生一起做功課，我以為只是因為這位女同學住得離我家比較近，常接觸才會這樣。但到國中我又只找某一位女同學，而且對自己種種很在意她的行為感到奇怪，一直想黏在對方身邊。

當時心裡感覺喜歡她，但這個價值觀是不同於當時社會的。我常覺得我是特殊人種，全校找不到有人可以聊這件事，只好把感受埋在心裡面。可是放在心裡面，又常常感到很不舒服、很痛苦，因為內心的疑惑無法解決。我曾經嘗試與男生交往，最終也是無果，我對異性完全沒感覺，這讓我更肯定我是喜歡女生的。

在大專時期，我不斷地在探索自己到底是不是別人眼中的異類？畢業後出社會來台北工作，下班後就是泡在 24 小時書店，尋找認同自己的書籍。我也去過很有名的晶晶書庫，看了一本書叫《出櫃》，想探索自己內心一直解不開的結——到底我是不是異類？那時代稱女同志叫「女女」，並沒有同志一詞。之後才慢慢有許多同志團體出現，也因為網路流行而傳播了同志的訊息。因此，我慢慢在心裡面產生更多對自我的認同感，開始不再認為我與社會是格格不入的。

我的工作是護理師，曾經在急診室遇到進醫院的同志，一

銀河星系同誌婚紗館

▲ 協助同志婚紗攝影，找到自我認同感與助人的快樂。（照片來源：黃敏怡）

看就知道他們是一對。其中一人在幫忙聯絡家屬，因為要簽開刀同意書，但同意書上沒有同志伴侶簽名的位置，他只能著急地看著躺在病床上的另一半。在診間工作忙碌的我都會忍不住多看他們兩眼，感覺出他們很焦急。

同樣狀況送進急診室的病人，若是流浪漢或查無家屬的，只要醫警、社工、護理人員、醫生見證即可過關，那同志呢？這是我心裡發出的疑問。

在醫院待久了，體會到一種合作作戰的關係，若病人病入膏肓，多位醫護人員及合併多科的醫生，傾盡全力救助一位病人是常有的事。這是人與人之間，你我最沒有距離的時刻，這時候的我，常常是最平靜的。而我相信帶著不分你我的心，去面對自己的同志角色且以自己做起，是最實際的。

▲ 參與臺灣同志遊行（左）（照片來源：黃敏怡）

▼ 高雄國際旅展開運占卜

🖤 戴媽媽買的長假髮　當妹妹婚禮伴娘

談到家庭層面，我是在傳統家庭長大的，媽媽跟阿嬤或是阿公都會常常問我：「有沒有交男朋友？如果有喜歡的男生，可以試著交往，或者是多認識看看。」

記得國中時有嘗試交往過兩位男生，青少年時期也總是幻想著以後嫁給男生，但交往都不超過一年就分開，一個變淡了，一個是變得像好朋友，沒有感覺繼續走下去。就業之後，媽媽更會常對我提起某親戚的女兒，找到家境不錯的男生嫁；有個朋友是開工廠當老闆的，不愁吃穿，有個兒子乖乖的，要不要認識看看？我會耐心聽媽媽說，但最後都一一婉拒。

曾經，我與媽媽在房間裡促膝長談，言談中我故意暗示媽媽，我想與女生在一起。媽媽一聽臉馬上沉下來，說：「女生要有女生的樣子，以後找不到伴、沒有人陪妳、照顧妳下半輩子怎麼辦？」我跟媽媽說，之前在鄉公所公共衛生部門實習時，看到就算是居住在偏遠地區的夫妻，每個月也都有人會來辦離婚。所以其實每一個女生都一樣，結婚嫁個老公，也未必能一起生活到老啊！出社會後，心裡漸漸茁壯的認同感告訴我，感情是需要好好學習、好好經營的，要能一起幸福、一起患難才是最美好的。

我妹妹結婚時，媽媽要我當妹妹的伴娘，其實我心裡不太願意穿女裝，畢竟我是頂著男生造型的短髮。但我媽一心想

將我打扮得美美的，有漂亮女生的樣子，不斷說服爭取我的同意，而且她還精心挑選了一頂假髮給我戴。當時我是以扮 cosplay 的心情去融入婚禮，好讓自己接受頭上的假髮與伴娘服，幸好是沒有半點違和感的。

🖤 我是同志　既獨特又美麗

記得在念中學時，我膽子蠻大的，畢業典禮當天，我對喜歡很久的女生表白，跟她牽手及親吻她的手背。當時在街上做這件事，心臟要很強！

其實，我對於自己的性向在探索與不斷確認後，是不太顧慮周遭眼光的。所以若有人問起我：「你是不是喜歡女生？」我都會直說：「我是同志！」每位同志在這社會上，若也能跟我一樣抱持自然開放的態度，團結起來肯定會是一股很大的凝聚力。這樣的力量既是團結，也是一股善的流動，穿梭在這個社會當中，像晴朗的天空，下過雨後偶然出現的彩虹般，是既獨特又美麗的存在。

在找尋自我的歷程中，我發現同志不只是闡述身分角色的方式，更是一種療癒，是一種具有解放功能的社會實踐。從發現自己是喜歡女生後，會期待著這樣的身分遲早被發現的一天，那就可以自由自在地跟喜歡的人，相愛在一起。但在這現實的社會環境中可沒這麼順利，就像我身上真實發生過的，當

◀ 於高雄台鋁 MLD 市集提
供同誌命相服務

▲ 於新竹彩虹文化祭提供同誌命相服務

◀ 高雄愛河燈會
同誌命相服務

台北同志公民活動
西門愛很大協助同誌命相 ▶

▲ 協助塔羅占卜、易經諮詢等相關活動

最親密的家人發現我跟女生過從甚密時，會請她以後不要再來找我；家庭聚會跟表姐表妹分享我喜歡的女生時，她們反應是尷尬傻笑，突然讓熱鬧的氛圍瞬間降低到冰點。

好的感情關係，需要雙方一起經營應對，若區分為在家裡與在外面，便不容易合在一起，像極了同極的磁鐵，相斥的力量很大。但心裡還是常常相信，家裡與另一半相處同住、和樂融融的景象終會到來。僅僅期盼……

因緣際會遇到機構，是我突破框架的開始、生命力重塑的啟端。那時我因為被劈腿，人生的重心頓時抽空，諮詢是為了再確認一次自己是真的回到一個人了嗎？清醒的就像小時候剛學會騎腳踏車時，覺得自己技術高超，衝向稻田間單挑，然而卻重重摔在地上一樣的驚嚇。

回到工作時很渾噩、心很無力，起碼花了半年以上的時間在處理情感的低潮。遇到機構，先是抓回我的生活重心，喚醒心靈的意志力，不去批判孤獨的感覺，修復感情中壓抑已久的課題，控制、不安全感、只想呈現好面相的自尊感，和諧理解感情分裂的原因。

💜 在每次挫折中　誕生希望種子

修行對我同志身分的幫助很大，即便內心是激進的，在家裡還是充滿爭議的，是不容忽視的疙瘩。但修行時幫助我發現

自己不是不同的，這很重要，化開了我與家人關係的認知。我回家時會以和和諧諧的心情跟爸媽修復糾結的關係，一段時間過後，疙瘩變小很多。我試著不讓媽媽覺得，是不是自己教育失敗，才導致現在的我。親情的信任力量很微妙，會瓦解不對稱的關係，這個化學反應很厲害。

　　從國小到國中的轉折，我是從懷疑不斷到確認；需要被認同到尋找自己；再到自己從心中油然而生肯定感的過程。沁身靈整合歷程使我明白，同志談感情與男女談感情並沒有不同，雙方也會受傷、也會開心、也會想要攜手共創美好人生。但我在談論此議題時，人們普遍還是把同志當作不正當的關係。

　　而這個觸動我生命的火花，不是只有在護理單位可以幫助到旁人，在出走護理踏上探索自己之後，我的內在產生了更茁壯的自己。以下分享兩位客戶的心路歷程。

　　曾經有一位同志，她帶著躊躇的心前來詢問曖昧對象。對方對她有諸多不合理的要求與限制，讓她無法自然地流露情感，因為害怕失去這份難得的悸動，所以她選擇一昧地配合對方。壓抑的情緒不停地在心中吶喊，強烈的身心衝突最終逼得她像空殼般機械化地工作。雙方關係始終沒有確立，對方的每一個舉動都強烈地震盪著她平靜的生活，她的滿腦子都是她。

　　這中間我體會到一個人失去主軸，就如同圓規沒了腳，就不是圓規自己了。不管分與不分，那其實都沒有錯對，但只要每次的決定是敞開心且肯定的，那就是最好的選擇。

在諮詢的過程中，我帶領她找回自己是誰，「做自己」在什麼時候開始被自己遺忘了呢？以前的她其實是非常陽光的。她想要給自己的心很強大很強大的自身信念，在每一次踏進面對的過程中，總是支持著她的是做出最好選擇的肯定。當她在回到職場的日常，在一次又一次的抉擇中，終於聽清楚內心的聲音，放過雜亂思緒的自己，下了決定的心。

在不斷地引導與察覺的過程，一步步抽絲剝繭，療癒也激勵她啟迪自己。漸漸的，她把勇氣的力量帶回日常生活，開始能勇敢做決定，終於像吃了定心丸一樣，不再因為害怕失去而委屈自己，決定中斷不平等的關係。因為她意識到那不是她要經營的感情。我非常感動，她做到了！

另一位客戶，她愛的對象是異性戀同事。本來也不抱太多想法的她，發現同事並沒有抗拒她釋出的體貼溫柔，這讓她充滿期待，認為同事不冷不熱的態度也許只是不習慣而已，心裡認為現在沒接受，慢慢經營應該是有機會的吧，於是默默地陪伴與支持變成了她愛情的主張。

這次前來是因為她單戀的同事有婚約了！是一位相親的男生。即使天天與同事相處，但她卻從來不知道這段戀情是怎麼開始的。突如其來的消息就是結婚，深深打擊她的心。錯愕的她既悲傷又懊惱，還是沒機會讓同事知道自己真正的心意，卻又不停說服自己，繼續默默守護，有一天同事會知道的。

陷入執著的她，分不清楚何時該放下。在長達半年的諮詢

▼ 妹妹婚禮時宴客的裝扮（右）

▲ 妹妹婚禮時當伴娘的裝扮（左）

▲ 快快樂樂的一家人（右二）

服務裡，我給予她很大的支持與激勵。一次做不到就再一次，協助她一步步釐清到底為何而做，並陪伴她面對內心深處的恐懼。原來是她曾經被劈腿的經歷，讓她懼怕主動追求的愛。發現核心問題後，我持續地引導她走出來，雖然過程也不是都很順利，有時候也會放棄不想再努力，彈回去她習慣的心裡世界。在這個來來往往的過程，對我們來說，都是在磨練內心的強健度，我也和她一同成長。最終，她放過了自己，接受也坦然地參加暗戀同事的婚禮，並給予誠摯的祝福。隔一陣子，我還收到她有新對象的消息，非常替她開心！

　　如今的我，自己放掉不同立場，家裡氛圍良好改變，心裡更有自信的力量，生活更自由、更舒坦。對未來的展望，我相信自己是生命和理論相互影響交融的見證者，將理論真實的活著，也將生命遭遇體現在理論上，展現坦率而直接的人格特質，不屈不撓地散發出獨特的影響力。最後想送給廣大讀者們一句深刻的體悟：幸福是波折的，幸福其實是在每次挫折中，誕生的希望種子，那是種堅韌又柔和的力量。

16
活在當下 勇敢追愛

阮美嬴
社團法人台灣同志諮詢熱線協會行銷企劃部主任

經歷

台北市家庭暴力暨性侵害防治中心兼職社工

關愛之家社工

座右銘

希望每天睡覺前,都可以覺得如果明天就死掉了,也不會太遺憾!

💚 熱線改變我的性別意識

　　我生長於南投傳統家庭中，家在屏東的爺爺奶奶一向重男輕女，身邊很少有跟性別相關的議題，於是我對這方面也沒有太多的意識。

　　因為我大學念的是社工系，有許多性別議題相關的課程，在上社會學與基礎課時，才有機會接觸到女性權利的相關議題。社工的工作分為直接與間接服務，我本身比較著重在家庭與小孩的服務上，是非常典型的社工。

　　因為社工實習的關係，我選擇了離學校近的台灣同志諮詢熱線協會，只能說這一切都是無心插柳。在 2009 年，結束大學四年的生涯後，我選擇繼續在熱線實習當義工，2015 年正式轉為工作人員迄今。在這工作十年的時間，熱線改變了我的性別意識。

　　回想自己的國中生活，當時校園中有著收乾姐姐、乾妹妹的風潮，自己和一位女同學兩人走得很親近，也會寫很多信傳遞彼此情感。現在回想起來才發現，對方當時確實是對我特別好，如果當初多知道一些，就能夠分辨這是什麼樣的感情了。有趣的是，那個時候的她，或許也不知道自己要用什麼樣的方式去喜歡一個人吧！

▲ 2020 年 12 月
台南彩虹遊行

生活風景 ▶

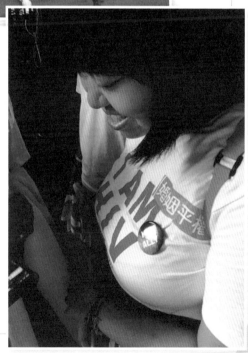

▲ 2020 年 10 月臺灣同志遊行擺攤

💚 因為不了解　才有恐同症

　　憶起以往的經歷，發現以前的自己有類似恐同的狀態。因為同性的感情對我來說，是完全沒有概念的，就像家中有爸爸跟媽媽，是理所當然的事一樣。世界上有很多多元家庭的組成，我卻對傳統家庭的執念很深，對同志家庭抱有迷思。雖然上課時都會學習這方面的知識，但認知上還是有自己的想法。在進入熱線後才發現，自己以前是如此地被框架著。

　　我認為許多恐同人士，都是對不認識的事物感到恐懼，在不了解的時候產生先入為主的觀念。當觀念尚未被打破時會將它視為真理，被挑戰時會感到恐懼！

　　恐同者的討厭與害怕也是很真實的，當兩方的傷害都是真的，該怎麼搭上兩邊的橋樑呢？

　　家中母親對於我在同志諮詢熱線工作，一向抱持著消極的

▲ 熱線客廳一隅，葉永鋕媽媽的
  萬年青。

▲ 公投後，熱線做的小貼紙，
  希望讓大家不再孤單。

熱線的辦公桌，
有時候會有義工惡作劇，
每天都很有趣。▶

心態，覺得自己的女兒可以幫助同志，但不要變成跟他們一樣就好了。她認為自己女兒身為社工，站在服務的角度還可以接受，但母親本身對於同志是不認同的，還會感到不舒服。我的姐姐是支持的，爸爸則是不太過問，這讓我發現世代的差距實在很大。

台灣婚姻平權的通過是個大突破，2015 年我正式開始在熱線服務，這剛好是社會轉變的時間。從畢安生的事件到公投（畢安生事件：台大外文系教授畢安生於 2016 年 10 月 16 日墜樓身亡，他生前和同性伴侶相守 35 年，卻因台灣同性婚姻未合法化，始終無法得到法律上的認可），再到同志婚姻通過，同志相關的消息佈滿大街小巷，不管內容是什麼，大家至少會開始討論和同志相關的議題。回到社群裡，也明顯地感受到公投讓大家比較願意出櫃，並使大家思考出櫃這些事情。

💗 婚姻之外

2019 年 5 月 24 日，同婚通過的第一天，我們與彩虹平權大平台一起在信義區公所見證同性伴侶辦理結婚。我印象很深刻，當時我還問了旁邊的人說：「這樣就是真的嗎？」法律就是這樣明確，一通過就可以看到改變。但其實倡議的路上，很多事情都是透過時間的累積才能造就改變。

而同性婚姻通過後，還沒真正取得平權的權益包括，一、

◀ 2016 年國際家庭日
擺攤活動

▲ 2018 年荷蘭參訪

◀ 2018 年同婚公投

▼ 2018 年 11 月 24 日晚上，因為公投大輸後，熱線在 228 公園臨時舉辦的小小取暖大會

收養、人工生殖與跨國婚姻相關法規。二、同志權益當中涵蓋的種種議題，包括兒少老殘等在社群裡是容易被忽視的一環，還有各年齡層會遇到的狀況不同，都需要全面考量。

台灣的同志，一路走來，已到了婚姻這個里程碑。接下來，社會大眾會接觸到的同志會越來越多，那社會準備好了嗎？今年，同志諮詢熱線開始與老人中心互動，針對 40 到 50 歲的老人同志，我們是不是能現在就開始為將來做準備。台灣社會開始探討職場上的性別議題，同志員工及公司是否對外支持同志議題，這都是過去比較少被拿出來討論的。我們也開始去填補各領域與人生階段的空缺。

♥ 熱線是媒介　自己是社工

在找尋自我的歷程中，我覺得熱線是媒介，而自己是社工。我帶著社工的價值執行工作，因為這是需要長時間與人相處、助人的職業；身為社工，自己就是一個工具。而在熱線服務，就是一個讓自己意識轉換的開端，發現自己的以為與現實不同。

性別議題是一個讓自己發現自己被框架著的課題，學習不會在不了解的狀況下，注入自己的價值判斷，在這過程中讓我開始學習如何謙卑。我從熱線工作中，感受到一些深刻的體會，看見自己沒有想過的、聽見生命有別於自己的故事。每一

件事，哪怕再小，也都很重要。

　　這些年來，我結識的人、聽到的故事，都推動著我生命的轉折。過程中有很多挑戰，但一點都不無聊。在這些大轉折中，我看到很多人自殺，這使我覺察自己做的不夠多。因為許多社會改變都因悲劇而起，而我們什麼時候才能學會不靠這些死亡悲劇來去做出改變？

　　所以，我很努力地耕耘，卻覺得自己能做的很有限。社會推動在沒有重大事件發生時，似乎都要推很久，時間會被拉長，這很像在練馬拉松運動，比的是氣長。

　　當然其中還是有很多事值得慶祝，雖然悲劇的發生會讓我感到無力，但面對這些無力感時，我只要睡個覺就好了，復原力很強是我的優點。因為許多事情很難對別人說，所以我也慢慢培養了自我調適的能力。

❤ 同志需要更多盟友支持

　　基於目前對 LGBTQ+ 的認同，及服務同志婚姻通過後，我的工作來到一個全新的交界點。而重新整頓是為了更貼近人心，把邊緣的議題拉近，探討非典型關係等。兩條不同的路，怎麼走在一起？怎麼走得更順利？有些議題比較難探討，例如談同志不可能不講到性的差異，而我就是不斷試著把同志與社會的距離拉近。

▲ 熱線主辦 2019 年臺灣同志
遊行並促成西門町六號彩虹

2019 年台灣
跨性別遊行 ▶

▲ 同志婚姻通過之後，第一次幫一對同志伴侶簽下
結婚書約。

▲ 工作之餘很喜歡種植物，覺得很療癒人心。

▲ 台灣同志諮詢熱線 20 週年

對未來的展望，我希望能設立長照機構，收留年老的同志與愛滋感染者，讓這些人可以有個互相往來的地方。目前想在新北、宜蘭、三峽、鶯歌地區設立長照中心，或者尋找現有可以接受同志老人的友善設施與中心。除此之外，也可以結合跨性別有關的醫院與老人中心，成立一個綜合型的安養院，也是安置機構。當中有健康老人區，若有醫院也能有專業的護理部門，讓這些同志朋友們都能安養晚年。

我認識自己並非在工作中，而是從日常跟人的互動，我更加認識自己是什麼樣的人。只要你願意，都能從每天與人的互動中，發現一些自己每一天不一樣的地方。現在的我出門，就比較不太想講話，有時不想自己說話或讓平常社交能量到極端。發現自己內在小小的不同，只差在有沒有去意識，讓自我察覺高一些。我希望有更多異性戀的朋友能夠一起發現，因為同志需要更多盟友的支持。

☆ **同性婚姻**

同性婚姻（Same-sex marriage），或稱為同志婚姻（Gaymarriage），是指性別相同的人互相締結為婚姻的關係，亦可能舉辦民事或宗教儀式。

婚姻平權（Marriage equality）則是較符合現今狀況的用詞，係指所有人不分性傾向或性別，皆享有彼此締結法定婚姻的權利。

☆ **台灣同性婚姻**

中華民國同性婚姻於 2019 年 5 月 24 日合法化，成為亞洲第一個同性婚姻合法化的國家。相關議題與社會運動，起始於 1980 年代末期，祁家威提出同性婚姻立法的請願與抗爭。當時婚姻規範的法源為中華民國《民法》親屬編，當中並沒有保障同性婚姻或民事結合的法律地位。

為了使同性婚姻在中華民國法制化，同志團體自 2012 年起積極推動《多元成家立法草案》，並就現行《民法》條文不承認同性婚姻提請司法院大法官釋憲。

反對人士則認為同性婚姻法制化會變動現行婚姻概念，反對用修改《民法》的方式保障相關權益，部分稱可另立專法處理。

（資料來源／維基百科）

Chapter 4

彩虹國度　嶄新視野

17
用心愛 活出雙倍精彩

劉沁靈
同志身分半導體工程師

半導體工程師、易經師

經歷

半導體工程師

易經師

專長

半導體先進製程研發

同誌命相、沁靈療癒

座右銘

不要把自己的限制性誤認為是自己的極限。

💟 媽媽徹底崩潰　留級＋愛女生

　　談到自我的成長過程，好像真的可以說是自然而然地生長，沒有太多要擔心的事，真的要感謝我的父母親。我生長在小康家庭，爸爸媽媽都是在傳統產業上班的技術員。爸媽總是拚了命地工作賺錢，盡可能地給予我們衣食無缺的生活，從來不讓我們為了生活而擔心。

　　我和爸媽之間交談的話不多，他們給我的家教是對人要有禮貌、做人要有誠信、不要欺負別人但也不能被欺負。我能做到的就是，讓他們無後顧之憂地專心工作，所以我照顧好自己，也照顧好弟弟；凡事以身作則，對自己有一套嚴格的標準（弟弟說我小時候很兇）。因此，我自小就養成了獨立、負責任的個性，我相信父母對我是放心的，總是讓我自由自在地發展，幾乎沒有什麼限制，除了同志身分以外。

　　國三的時候，我努力念書，讓爸媽很開心的是，我考上了第一志願的女校。但他們萬萬沒想到，他們無法接受的打擊就要發生了。高二那一年，幾乎發生在同一時刻，父母必須同時面對我要被留級，和我跟女生在一起的事實。永遠記得媽媽收到我的留級通知單時，歇斯底里地對我說，她不能接受！她不明白我在搞什麼？

　　當下我知道媽媽一向對我的放心和信任瓦解了，她也不明白為何我要喜歡女生，我當然也不敢去問。後來他們和對方的

◀ 2016 年 12 月某國小
彩虹跑道──彩虹是背
對陽光時才看得見的

▲ 2020 年 12 月花蓮雲山水──彩虹原本就是大自然界裡美
好的一部分

爸媽被學校叫去時，發生了什麼事？他們是不是被羞辱指責？是我做錯事害他們丟臉了嗎？而我也不明白，為何我因此要定期去輔導室報到？輔導期間我覺得很委屈，好幾次都在哭，輔導老師希望我變回正常女生的樣子。原來，喜歡女生是有問題的，更是爸媽不能接受的戀愛方式。

💗 有愛什麼都對

之後，這個事件再也不曾被拿出來討論，但現在也不急著知道答案。因為我覺得很多事情是需要時間去證明的，很多觀念也會隨著時間而改變。即使後來有再和女生談戀愛，媽媽問我的時候，我始終是一種答案：「沒有！」因為當下的我不知道如何和媽媽討論愛這件事。以前媽媽跟我說：「妳不結婚的話，老了會沒有人互相照顧。」我回答她：「我可以去住養老院。」現在媽媽偶爾會說：「如果不結婚的話，也要找個伴，因為媽媽會老，沒辦法一直陪著妳……」（媽媽似乎明白我還是喜歡女生的呢！是吧……）

雖然 2019 年，台灣成為了亞洲第一個立法婚姻平權的國家，同性可以結婚。但要讓更多的人了解同婚這個觀念，還需要更多潛移默化的努力，要讓更多人跟我們一樣，相信「有愛什麼都對」。有些時候，和家人一同看電視，看到這些同志新聞的時候，我還是會刻意地避開，因為我還是沒有智慧去面對

◀ 2020 年 12 月 20/21 aMEI UTOPIA EAST 台東跨年演唱會

▲ 2020 年 12 月 20/21 aMEI UTOPIA EAST 台東跨年演唱會

▲ 2018 年 1 月 MAMA CHARI at Fuji Speedway

▲ 2019 年 3 月研究所的同學與老師聚會

▲ 2019 年 1 月 DSM PSE Outing 於諾曼第漆彈場

媽媽的提問。

2015 年，小弟因車禍意外離開，讓家庭起了第二次變化！我除了失去手足的傷痛，更要陪伴爸媽白髮人送黑髮人的椎心之痛。在弟弟賠償官司結束的那一晚，我們終於可以鬆口氣，全家人擁抱在一起大哭一場。這個家不能因此就散了，要凝聚在一起，才有力量互相扶持、互相照顧。

❤ 四道人生

珍惜當下，想說感謝的時候就說；想要關心的時候，就把愛說出來；覺得抱歉的時候，就說對不起；出門的時候，也要好好的道別。這就是我的四道人生——「道謝、道歉、道愛、道別」。我明白了每一個事件的發生都是有意義的，從今而後，我要連弟弟的份一起，活出雙倍的精采！

而談到修行，一開始我也是抱著試看看的心態來畫葉子師父。過程中，覺得自己好像沒有根的浮萍，因為要適應這個世界的變化，而失去自己、隨波逐流。但其實自己是被大地之母包圍著的，而且可以帶給人們溫暖。就因為這樣的一個信念，我相信自己要活出不一樣的人生。

感謝我的引緣師薏琪、輔導老師蔡老師和天竺大師，從禪修、靈修到領易經，好像有自己的步調，按照順序，自然而然地發生。

最大的突破是讓媽媽知道，我接下來想做的事是什麼，希望媽媽可以跟我一起了解，什麼是此生的意義。還有一個是即將離開待了十年的半導體工程師生活，邁向未知的世界。

修行對於同志身分，也有很大的幫助。自我認同和自我實現，就是從修行中學習到的。修行並不是修正自己的行為而已，最重要的是，要先相信我就是一個獨一無二的個體；我能決定自己要成為什麼樣的自己；包容所有曾經發生在我身上的事情，不管是好的、不好的，這些都是屬於我自己的經歷或經驗；然後在這中間找到平衡的方式，最終得到喜樂。

💗 花若盛開　蝴蝶自來

曾經我也是個完全靠感覺談戀愛的人，感覺這個東西來得快去得也快，感覺對了，就跟對方在一起；當感覺消失了，就

▲ 2019 年 12 月光計劃光藝術文創開幕於蘇州黎里古鎮

2020 年 12 月
參與同誌講座 ▶

▲ 2017 年 6 月 ET Conference 於拉斯維加斯

▼ 2020 年 9 月 DSMPSE Outing 於北埔麥克田園

去找尋下一個，甚至沒有說分手。或是不懂得什麼是愛，以為在物質方面滿足對方就會快樂，沒有真正去了解對方，就用自己認為的方式去愛別人。在一連串為期不超過兩年的戀愛經驗中否定自己，覺得自己被懲罰了，沒有愛人的權利。

在那個過程中，我痛苦不堪，甚至想放棄不談戀愛了，但又不甘心！是一種想要抓住，但又抓不住的感覺。原來愛情本就不容易，除了感覺還要有核心價值，一點一滴、實實在在地裝填日常的生活。很幸運地，在修行的道路上，我遇到了為了同樣的目標一起努力的一群人，找回了自己，明白了自己並不孤單。

現階段的我只想好好修行，當我有更高的智慧時，緣分自然而然就會出現。也希望藉由問事的過程，幫助那些在愛情的路上和我一樣遇到問題的人們，並且在他們身上學習，重新認識自己、修正自己，讓自己更懂得什麼是愛。在世界上的任何一個時刻、任何一個角落，都有人和我一樣努力著，最後也一定有美麗的花朵在等著我們。所謂「花若盛開蝴蝶自來」，唯有堅持不退，才能自我實現。

科學腦　宇宙腦

我是一個沁身靈很衝突的人，用失去平衡來說更貼切。因為工程師的工作需要大量運用腦袋思考、邏輯分析判斷，好像

▲ 2020 年 12 月繽紛的彩虹旗與
　 繽紛的我

2016 年 10 月
公司三對三鬥牛 ▶

不靠這個能力就生存不下去，因此養成了慣性用腦的狀態。加上凡事講求快速解決問題，一些心理上的情緒、身體上的不舒服感出現的時候，也都習慣壓抑這些自然反應，深怕這些情緒會影響自己的專業。當身體感到疲累的時候，都下意識地告訴自己再撐一下下。總是用意志力去維持，長期下來處在高壓緊繃的環境下而渾然不自覺。

我在全心工作狀態的時候，稱之為「科學腦」；修行之後學會了「宇宙腦」。宇宙之無邊無際，所有的發生都在它之中。首先，為了要打開身體的感受及覺知，從禪修開始。一開始慢慢調整呼吸，在放空、放鬆、放下、放心、放思的過程中感受到輕鬆，然後優遊在宇宙的能量當中，去察覺什麼是靈性的流動，或許是光、或許是圖案、又或許是文字，然後練習回到當下。最重要的是用文字把過程記錄下來，然後不斷地練習，每天為自己充電。

「我的紅樓不是夢，我夢的開端在紅樓」，我對未來的展望是設定明確目標、堅定信念、努力不懈、靈性提升、成就自己、圓滿人生。

▲ 2020 年 12 月同誌命相易經占卜

18
想要對你說的秘密花園

黃驛翔
同志身分公益團體活動部長

易經諮詢師

經歷

台灣世界展望會主任助理

梅花基金會活動部部長

2020 年台中及高雄同志大遊行易經諮詢師

專長

易經、刀療、藝術療癒

座右銘

一技之長，可以當懂事長；

五技之長，可以當董事長。

❤ 我是南投泰雅族原住民

我擁有一半原住民的血統，父親是泰雅族山胞，母親是閩南後裔，年幼時常往返於平地與山地間。我的老家在南投縣仁愛鄉靜觀村的部落，是在合歡山與奇萊山脈縱谷濁水溪流域岸旁的平生部落，原名叫「德魯灣 Truwan」與屯原，海拔介於1500 到 2100 公尺的山脈間。在早期正名前是泰雅族人的居住地，近代正名之後為賽德克族，族中有名之士為霧社起義事件的領導者──「莫那魯道」。

傳統的原民生活就是一個大家庭，幾代都是住在一個屋簷之下，亦或是圍繞在祖厝邊，且是非常古老的原木建築，及石板風格疊製而成的平房。原民生活簡單、自給自足，加上部落宗教（天主教）的薰陶，讓我們較偏向於西方式共融的生活，整個家庭不下 20 人。且不論每日在外工作多久，每天晚餐都必須回家與長輩共餐。在那個物質沒有那麼豐盛的年代，沒有電視機可以看、沒有智慧型手機可以滑，所以晚上都會聚在一起「烤火」。而升火不僅只是取暖，在傳統的思維意識中，還有團聚、圓滿、趨吉避凶、不使邪靈靠近之意。每天晚上的這個溫馨時刻，都讓我十分的期待。

原住民的生活大多都是就地取材，取之於大地，用之於大地，學習如何與大自然相融。所以自小我就隨著父母親，在部落及屯原務農，種植高山蔬果、伐木……。為什麼要伐木？因

▲ 參加夏日禪靈修課程
　一隅

高雄小天地活動空間
體驗「內在之光」▶

▲ 蘇州黎里古鎮光計劃光藝術文創中心開幕

為早期的高山並沒有連接瓦斯或天然氣，所以烹煮食物、用水方面就必須仰賴傳統木柴來升火。我也看著父親及叔叔們，在山間捕獵（諸如山羌、野豬、竹雞、飛鼠等），並學習使用獵槍、開山刀、柴刀、捕器等。

猶記得年幼時，第一次拿起十字弓去獵飛鼠，配合手電筒照射目標，並俐落地以箭弓成功射到目標，當下心中是無比雀躍的！每當部落中有村民捕獵動物回來，族人都會很無私地將獵物分享給整個部落，獨樂樂不如眾樂樂，因為原住民就是一個非常團結、共享、大愛的群族。在山中成長，孕育了我熱愛探索新事物的性格、團隊共融的思維，並養成積極主動且豪爽的性情。

💟 流淌著母親顛覆傳統的血液

母親是高雄閩南人，雖遠嫁南投山區，但深知小孩教育的重要性，於是將我和哥哥送往高雄及南投埔里就讀幼稚園、國小至國中，由外公、外婆隔代教養，接受平地的教育與催化，並自小學習書法、鋼琴、山水畫、攝影拍照……等。外公、外婆一直都很心疼，從高雄市區遠嫁南投山區的媽媽，與年幼的我們兩兄弟。在老人家傳統的印象中，住在遙遠的山上意味生活就是，偏遠、貧窮、辛苦！

母親選擇嫁給住在偏遠山區的原住民父親，不只跌破高雄

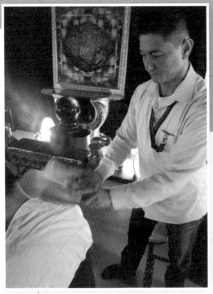

▼ 蘇州黎里古鎮先天易經大法諮詢

▲ 先天刀療大法服務

▲ 台灣人學藝術運用引導師課程培訓一隅

▲ 與花蓮在地文化藝術創作者開發合作契機

市區親友的眼鏡，更顛覆既有的傳統價值觀。外公在台灣石化退休後，便帶著外婆來到南投務農並照顧我們兄弟，而父母依然長時間在南投山區工作。分隔二地的我們，每月見面不超過兩次。雖然外公、外婆很疼愛我們兄弟，但在沒有父母時刻陪伴的情況下，年幼的內心難免感覺空虛。求學時，我常會自主打工賺錢，例如國小放學後去做家庭代工、上學前幫忙賣早點等，貼補些許生活費。因為不想養成伸手拿錢的懶惰習性，所以從小便擁有獨立自主、學習承擔與做生意的思維。

　　在國小時期，家庭發生劇變！父親突然腦中風，整個家庭的生計頓時落在母親羸弱的雙肩上。因為要同時照顧患病的父

親與我們兩兄弟，為了支應龐大的醫藥、教育、生活費用，母親從山上來到埔里，一肩扛起了家庭的重擔，拼命做可以即領薪資、非常粗重的工作，例如挑磚、攪和水泥的小工。因不想增加家庭的經濟負擔，高中畢業的我便放棄科技大學的保送甄試，選擇從軍。父親在我從軍後六年，不敵病魔折騰離世，對於父親，我始終有很深的愧疚感！

♥ 暗戀白白胖胖肉肉的小男生

從小我就知道自己很特別，在念幼稚園時，特別喜歡跟男同學一起玩，可以說我最好的朋友就是男生。記得有一次母親提早來幼稚園接我，因為要轉校到高雄，我雙手緊緊抱著喜歡的那位男同學，因捨不得分開而痛哭流涕！

國小時期，是我第一次初嘗心靈交會的情感禁果，暗戀的對象是同班同學，一個白白胖胖肉肉的小男生。記得他們家的家境很富裕，時常會邀請同學去家中做客，每次聽他那沈穩男性的豪邁聲音，都讓我有種深深被吸引、說不出的美好感覺。但好景不常，就在國小四年級時的某天早上，班導師在上課前宣佈，○○他們全家要移民國外，全班的同學都很羨慕。而我整個人就像是被抽離了靈魂般，非常難過失落。迄今他仍不知，小學的我是那麼喜歡他。

在國小五、六年級時，我被同學冠上了「同性戀，他只

跟○○一起玩，他們在一起……」等等的流言蜚語。因為我內在的個性非常像女生，例如我很喜歡縫紉大型布娃娃。而我也曾經迷茫了一陣子，開始轉變跟女生一起玩耍，扮起了家家酒及女生遊戲，但卻又換來同學們的嘲笑：「娘娘腔、娘炮、GAY、女性化……」讓我心中很不是滋味。

國中時，我的班導師給我取了個「打字機」的稱號，因為我的書法字非常工整漂亮。我不僅非常喜歡跳舞，更愛上美術課、畫畫、雕刻、家政課等，雖說求學成長中的我，外在是個高大粗壯豪爽的大男生；但其實隱性的內在，是非常像女生般溫柔的暖男。

♥ 暗戀歷史老師　喜歡西方古文化

求學成長時期，因為自己性向的發展，我常會被同儕言語霸凌，甚至會有肢體動粗事件發生。於是我開始正視內心的世界，決定展開面對自己性向的旅程。在那個黑暗時期，我暗戀的對象是我國中粗獷型的歷史老師，每天我都迫切地希望上他的歷史課，而正因為暗戀歷史老師，所以我非常喜歡他教的西方古文化。

記得某次，歷史老師要全班同學每人交一份古希臘羅馬帝國的擴張圖。我的慈母陪我徹夜畫了一整晚，隔天我滿懷期待地交上作業，並且獲得老師的肯定、讚美、認同，並以我畫的

▲ 於花蓮吉籍獵人學院洽辦身
心療癒課程

▲ 蘇州黎里古鎮晨間鎮民帶領乾坤操活動一隅

作品對全班同學教授古羅馬歷史的演變。能受到暗戀歷史老師的讚賞，我開心雀躍地像小鳥般飛了起來。後來從這張圖中發現，原來在我的潛性能力中，早就有了特別的註記，那個地圖真的像是男生的「陽具」。可惜的是，歷史老師僅任教一年半，就因為要服兵役而離開學校，我又陷入難過失落的虛空中。

我鼓起勇氣跟老師要了地址，很認真專情地給他寫情書，很高興老師也有寄來幾封連絡信，內含他當兵的照片，讓我如獲至寶！我知道這是老師對於學生的關懷之意。長大後的我明白，喜歡一個人，不是僅有的自私，而是要展現無私的大愛。

💜 我是 GAY　我只喜歡男生

高中求學時期，我離開了埔里小鎮，與外界的接觸更加多元。因為我非常喜歡跳舞，因此加入校內的現代舞蹈社，更因為原住民得天獨厚的跳舞天賦，我成為帥氣自信豪邁的舞王，吸引很多女同學的倒追告白……當然我也會暗爽！但面對這些主動來告白的女生們，誠實善良的我因為不想隱瞞，更不想傷害她們，所以都被我直接以這句「我是 GAY，我不喜歡女生，我只喜歡男生」無情拒絕了！但還是會有對我窮追不捨的女生，讓我感到挺有成就感的。

在那個資訊爆炸的年代，喜歡與科技和數位做連結的我，選擇就讀資料處理科，並入手了生平第一台 586 桌上型電腦。

▲ 高雄小天地活動空間體驗
　「內在之光」

高雄青年創業美麗島
社會創新服務討論 ▶

▲ 蘇州黎里古鎮「光計劃光藝術」推展成功

從網際網路 NET 中，我發現了更多的同志區塊聊天室。例如台熊網、1069 拓峰網等國內外網站，進而開始接觸與連結不一樣的世界，開始如同操作電玩般地迷戀著這嶄新的局面。這才發現身為同志的我們其實並不寂寞，更不孤單，因為從聊天及互動中，知道我們有共同嚮往與追求的遠景、目標。

從軍後自任職部隊領導幹部以來，在某次士官長正規班的受訓中，要我們分享的主題是「我心中的話」。在過程中，我真誠地說出內心中的話，選擇公開向所有受訓同學「出櫃」。雖然反應不一，但我很坦然自在，更讓同袍們非常羨慕我能夠勇敢做自己！

💙 同志的光耀　持恆在每個角落

我選擇無所畏懼地去面對自己是同志，這一切的勇敢都要非常感恩愛我的家人。雖然在父親離世前，我很遺憾沒有把握機會勇敢地向他表明，但對於跟母親的出櫃，不僅沒有遭受任何責難，母親反而最支持我要勇敢走向自己選擇的道路，活出自己想要的美好人生，不被世俗異樣眼光給侷限、綑綁。

人不輕狂枉少年！成長中的我經歷過感情三進三出的挫折與磨難，沮喪失落傷心難過的我也會藉由跑 PUB、GAYBAR、三溫暖等，來彌補內心失戀的空洞。同志也是人，只是「喜歡」與「愛」的對象不同，許多人陷入情感糾纏、金

錢糾葛、不清楚自己想要什麼，在這些迴圈裡不停糾結打轉。

　　幸運的我，在接觸到身沁靈領域後，透過明師的引導，更深層地了解自己，修正調整過去的錯誤，療癒內心放不開的糾結。並懺悔與精進未來走向，重新回到自主的生活，將一切的主導權歸於自己的身上，我亦然決定藉由這樣的好諮詢、療癒，來幫助所需要的人。

　　進入身沁靈領域後漸漸了解，修行是個名詞，行修是個動詞。人生就是哲學，哲學就是態度，且生活需與科學並重。透過智慧與全局，更加深層地了解自我，發現潛在能力，運轉自己的天賦，才能從既定的命運進入到轉動的運命。沁身靈磨合的過程，是要看清赤裸的自己，想要成長與突破，就必須務實、踏實地經歷每一過程，真誠地面對不願意去面對的事。沁為主導之一切，不會的才要學，沒有逃避只有往前，所有的經歷都是儲藏的實力。

　　未來世界是融合的概念，展望一切希望，我希望能為同志圈做更多有意義的事及提升共有環境，點亮每個人心中的內在之光。讓同「志」能走向同「誌」，如同彩虹的光芒與光輝總在雨過天晴後顯現。同志的光耀，將守護與持恆在每個角落。

19
回歸天真　與自己相遇

蔣沁誼
高雄同誌命相塔羅牌占卜師

身沁靈工作者

經歷

曾參與第十屆臺灣同志遊行、2014 彩虹文化祭、Taboo 塔羅之夜活動、紅樓同誌身沁靈市集、2020 年高雄同志大遊行
天賦藝術指導師
同志心靈療癒
上海情緒指導師

專長

先天塔羅、天賦藝術療癒、脈輪療癒

座右銘

回到自己的真心，做回最原始真誠的自己。

💟 感情的挫敗造化修行的開端

「沒關係，你會越修越明白的。」這是第一次遇見天竺大師時，大師告訴我的話。那時我坐在一張神奇的桌子前，我和我的女友望著眼前神奇一切，我的生命在那一刻，開始有了巨大的改變。自從修行之後，我確實更能理解，為何大師在當時我問感情的時候，會這樣回答我。後來發生了一連串意外之事，對於感情迷惘、人生不知何去何從的我來說，開始了一個不一樣的轉折。

大學一年級的暑假，因為需要賺自己的生活費，我開始工讀生活。在餐廳打工時，遇到了當時的女友。她是餐廳的廚師，認識她沒多久後，我就很喜歡她，憑著一股衝動，不在意身旁人眼光的我開始熱情追求她，很快我們兩個人就在一起。兩人感情發展的一切都非常順利，一晃眼就過了一年多。因為家人覺得我太晚回家，而時常發生爭執衝突，因此希望我辭去工作，好好專心唸書，調整生活跟讀書的重心。

殊不知一離開打工的餐廳，就是我們兩人感情轉變的開始。離職後沒多久，我的女友突然告知我，覺得我們不適合，要和我分手。當時我天真爛漫，根本搞不清楚狀況，就傻傻地被分手，當然十分難過沮喪，天天哭得死去活來。

我糾纏著老師問，我們會不會再續前緣，每天都鬼打牆希望她能回來。直到天竺大師看不下去，告訴我是被劈腿了，我

才有勇氣開始去查明真相。我問
了很多當時的同事、同學，原
來全世界都知道我的前女友
劈腿，但卻沒有人有勇氣告
訴我。讓我十分氣憤的是，
當時還有一個是我同班同學兼
死黨兼同事的女性友人，她也將
我蒙在鼓裡，當時的我覺得，被全
世界背叛了！

　　不過我也很幸運，因為被女友分手而遇上天竺大師，讓
我選擇走上修行的道路。不然真不知道我要如何度過那段被劈
腿、傷心難過難熬的日子。

愛男愛女都是愛

　　這世界還真小，我居然在被劈腿的半年後，在泰國旅遊
的小島等著上洗手間時，戲劇性地在這個地方遇見了當時的小
三。要是我沒有修行，可能這一切不會好地這麼快，我應該會
有憂鬱症，然後跟伴侶老是在歇斯底里地吵架吧！可能還會有
疑心病，疑神疑鬼覺得對方不愛我，想著控制一切。

　　這和我小時候家裡的成長環境，有很大的關係。我從小
生活在一個傳統、父母不太會管教小孩的家庭。父母自己都遇

▲「功在同志」聯合頒獎典禮

天賦藝術
日本師資課程 ▶

▲ 2020 年高雄同志遊行

到許多感情的矛盾，不知如何解決。家裡的經歷可比八點檔連續劇的劇情，各種各樣誇張的爭吵衝突狀況都發生過。

從小，家裡父母就常常吵架，罵來罵去，吵得不可開交。當他們大吵時，因為情緒崩潰，會很激動地互相丟砸東西，有一次還將削鉛筆機用力丟到木頭門上，砸破一個大洞。

我 10 歲時父母離婚，爸爸幾乎天天上演各種自殺戲碼。因為爸爸接受不了媽媽跟他離婚，還曾經帶著硫酸，怒氣沖沖地跑去潑媽媽，幸好媽媽機靈，沒被硫酸潑到太大的面積。我的童年不快樂，父母爭吵打鬧不休，幾乎天天上演這樣戲劇性的衝突戲碼。造就我沒有安全感；凡事都比較負面恐懼；憂鬱、神經質、自閉；渴望愛，卻又怕受傷害。

就讀國中時，我第一次開始發現自己喜歡的對象，不會僅限於男生。因為當時喜歡上一個女同學，我們兩個的班級在不同樓層，為了見她，我每堂下課都會跑到她們班上玩耍聊天，跟她膩在一起，下課放學也都往對方家裡跑。雖然後來也沒有緣分在一起，但因為喜歡她，留在心裡甜甜蜜蜜的感覺，還是讓我印象深刻。

就算周圍的同學知道我喜歡同性，其實也沒有為我帶來什麼困擾，沒有人覺得我奇怪、更沒有人排擠我。直到上了大學，遇到前女友，個性直率沒想太多的我，就直接帶著前女友回爸爸家和媽媽家出櫃，告知他們我交女友了。

🩶 同志不可怕　愛情不分你我他

爸爸是強烈反對的，我忘了當時爸爸說了些什麼？只記得他氣沖沖地一直狂罵我，當時的我內心很生氣，覺得爸爸不能理解，喜歡上男生和女生其實並沒什麼不同啊！我媽媽比較理智，雖然不能接受，但沒有罵我，她嚴肅地告訴我，同性伴侶在未來社會中會非常辛苦。我當下不能理解，這有什麼不妥？有什麼辛苦？

儘管父母都反對，但卻無法阻止我的決定，我照著自己的選擇，堅持與對方在一起。因為前女友劈腿的事，讓我踏上了修行，讓我開始明白──不管是男性還是女性，是因為我喜歡，遠勝過於性別是男是女。因為不管同性還是異性，兩人相處一樣會遇到個性要磨合、生活要適應、培養共同興趣……等種種的問題。

我一開始修行時，大師告訴我要做同誌命相，懵懵懂懂的我也不明白那是什麼。大師一直教導我們要將同志帶向「同誌」的境界，讓同志開始有誌一同、誌同道合。雖說大師有解釋，但當時的我依舊有聽沒有懂。

然而神奇的事就開始一直發生，開始有許多同志的活動可以參與，到同志夜店辦講座活動、學校性別平等社的宣傳、同志講座……等。

印象最深刻的是，我們開始到同志的聚集地「西門紅樓」

▲ 西門紅樓同誌身沁靈市集

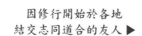

因修行開始於各地
結交志同道合的友人 ▶

◀ 天賦藝術課程
作品欣賞

戶外靈修課程▶

舉辦占卜的活動，這是我真正走出自己的世界，進入不一樣的同志世界的開始。

💙 是男是女　一樣都美麗

　　在西門紅樓天天都有男男女女、各式各樣不同的同志出現。一開始遇見了許多和我一樣的女同志，很多是在女生裡，扮演偏向男性的角色。

　　我發現有很多這樣的 T 都好傻，她們都很願意為另一半完全的付出，甚至負債累累，就是希望可以給對方更多物質生活上的享受，因為她們覺得愛人得來不易，深怕失去另一半。也有從內在覺得自己本來就是男生的 T，從小到大都不服輸，不想比男生差，所以拼了命去做，只為了證明給別人看，自己不會比男生不好，還有一些是對於未來感到迷茫的 T。總歸我遇過許多女同志們，很多都是不自信的；遇見許多男同志，大都是那麼壓抑與神秘，與現在的外放相差甚遠。

　　因為當他們公開自己的性向時，在當時就會被歧視與不被接受，所以他們無法真實地做自己。甚至很多人因為壓抑，而開始尋求身體上的安慰與慰藉，開始發展出男同志特有的感情觀。只要身體快樂、享受當下，但心裡卻有許多對未來的迷惘。在感情上是否能夠天長地久，或最後依然會被拋棄呢？有些人可能不再相信有真愛，許多同志都活在這樣的陰霾中。

在西門紅樓時，我看見同志的各種問題，是我以前從來沒經歷過的。相較之下，更慶幸自己的幸運！我決定——在我的能力範圍內，希望可以盡我最大的可能，來幫助我所遇見的同志們。希望他們可以不活在自己設限的框架中，使生活愛情都更加平衡。因這段經歷讓我發現，同志與一般人都會遇到一樣的問題，只是因為社會的框架而放大了他們的各種問題，讓他們的問題複雜化了。其實人都是一樣的，不就這樣嗎？哪裡有什麼不同呢？其實大家都是一樣的，雖然同志是一個族群，但也是人類裡的一群，我們都是地球人，也都是一家人，不管喜歡的是男是女，一樣都是美麗的人。

💜 感恩我所遇見的一切

在幫助大家諮詢的過程中，很多同志的家人們還是會問我，他們的小孩，會不會再喜歡異性？還是一輩子就是這樣了呢？每當聽到這樣的提問，我能明白家人的擔心，也感受到自己還有很多要消弭的意見。修行就是協助每個人，消除極端的意見，開始開放與包容，並接受不同於自己的存在，這是我在這 10 年旅程裡的感想。

回想最一開始天竺大師告訴我的話：「妳會越修越明白。」確實，我的父親因為機構的協助，有做身體的護持調整，在潛移默化當中慢慢開始接受同志與修行，不再像以前那樣的僵

◀ 2012 年塔羅天使單身
拉子交換禮物派對活動

▲ 桃園彩虹文化祭

▲ 先天塔羅占卜（照片來源：黃敏怡）

▼ 參與 Vivi Lee 天賦藝術工作坊活
花絮

日本天賦藝術進修 ▶

化、不願接受，這是可喜的事；也讓我更有信心，可以和更多同志家長分享。就算在感情上喜歡和自己一樣性別的人，但生命會為自己找到出路，一定會找到適合自己的生存之道。透過這一切的生命經驗，同志家庭的未來，一定是幸福圓滿的。

這就是開始走向「同誌」的一個象徵，也讓我更有動力、更堅信唯有修行才可以幫助更多人接受不同的個體。並且因為修行增廣了心量，而開始願意用愛來取代歧視與分裂。我在天竺大師的帶領下，開始開發自己各種意想不到的潛能，包括藝術、插花、美感、靈修、香氛……都因為大師的帶領而開始入門研究，找到了自己的歸屬。

很開心與榮幸認識天竺大師，她帶領我進入先天法門，認識自己的靈魂，讓我擁有自己無法想像的有意義人生。我本來就不是追求大功名的人，過程中也常常迷路，但是天竺大師從來沒有忘記過我，一次再一次的提點，敦促我精進成長。天竺大師教我，要踏踏實實地修好自己。我會持續在我的能力內，每天踏實地告訴更多的人，透過修行是可以改變人生的，從限制的想法，進入融合的想法。這是我所體悟的，從同志成為同誌。感恩我所遇見的一切，主席、大師、機構，才能造就現在的我，我會持續地學習精進，感恩。

20
向下扎根 向上結果

郭瑞雯
同志身分藝術工作者

先天易經師

經歷

陶藝、樂團、公仔設計

專長

先天易經、塔羅沁醫、天賦藝術、光療、宇宙刀、陶藝

座右銘

沁不對人就不對，人不對一切都不對。

▼ 2017 年 10 月華山藝文找回天真活動　　　▼ 女性力量脈輪藝術課程

💚 藝術是內在的修煉

我來自一個安份守己的小康家庭，爸爸是做布的生意，一路打拼白手起家的。媽媽在五星級飯店清潔部門工作，待了 20 多個年頭，因為認真負責的工作態度，而成為公司的模範員工。家中有個大姐，從小就很會讀書，畢業後的工作是當社工師，她對社會很有愛、很有責任感；對父母、家族的大小事都一肩扛起，是個很無私且有正義感的好大姐。我還有個哥哥，安安穩穩地在機械領域工作，踏實安份認真地照顧著屬於他自己的小家庭。

因為我哥哥有結婚娶妻生小孩，而大姐是個不婚主義者，她的時間心力都奉獻給了我們這個家跟她的工作與社會，所以我的家人是可以勉強接受我不結婚的。但我還是父母眼中最不放心、最不穩定的那個孩子。爸爸希望我跟他一樣學商，我聽話地念書學商後卻如坐針氈，最後自己跑去退學重考，如願進了復興商工美工科。

做陶藝是我的興趣跟專長，畢業後從事陶藝相關工作，遇見賞識我的老闆，同事會羨慕我怎麼會有那麼多、那麼好的創作靈感。

後來轉型到商業公仔設計工作兩年，接著自己創業多年，經營網路訂單。因為另一個興趣是街舞，在因緣際會之下，期間還玩了樂團，擔任舞者的角色，很多樂器都摸過但什麼都

不專精，我們一起出了兩張唱片……經歷一小段演藝圈生活。

　　一路走來我算幸運，都是興趣結合工作。現在的我是一名先天易經師，同時也是天賦藝術指導師。修行之後了解到，幫助自己與他人是需要用對方法的，而藝術的創作能量，更是來自創作者本身內在的修煉。

💜 對於愛的迷惘

　　小時候，我的體育、美勞方面特別強，其他學科成績也挺好，什麼班長、副班長、學藝股長……都剛好有我。體育比賽也都是班上女生代表，老師對我很好，在同學之間的人緣也不錯。個性豪爽的我，對同學行俠仗義，原生家庭帶給我的教育是勤奮守規矩地上學，獲得全勤的獎狀、模範生的代表，這是我求學成長的優秀獎勵。

　　我發現自己對女孩有特別的感覺，是在念小學、國中時期，但都只是默默喜歡對方，不敢說出口，一直處於暗戀狀態。直到就讀高中時，有個女孩主動靠近我、對我好，才相信原來

▲ 2016 年 12 月《你就是光》簽書會

▼ 2016 年 12 月《你就是光》簽書會

這是真的，女生喜歡女孩，這是會發生在現實生活中的事。

因為我會在意社會風氣跟他人的異樣眼光，我外在一直維持著女生的模樣，留長髮、會化妝、會有男孩追，但我沒勇氣說我是 T，我喜歡女孩！我總是刻意隱藏我的不一樣，因為身邊沒有同志朋友，一路以來都是自己在心裡，跌跌撞撞與糾結衝突著。

我來自傳統保守的家庭，父母都很愛我、關心我，但關於我是同志這件事，自己打算一輩子也不會對家人開口說。我善意單純的出發點只是不想讓家人為我擔心、煩惱，儘管父母家人有時候會察覺到一些蛛絲馬跡，但因為是傳統保守的家庭，所以大家都選擇沉默是金，寧願心照不宣，誰都不會正面提起關於我是不是同志這個話題。

因為我刻意隱藏自己是同志的身分，我沒說是沒人會知道的，也自然因為本身清秀的外貌，吸引的是男生來追求。出社會後，我曾經幾次鼓起勇氣，主動向我喜歡的女孩告白，但戀情壽命都很短暫。因為喜歡就是喜歡，顧不了太多，是同性戀還是異性戀，不知道什麼才是真正適合的。

經過幾次失敗的戀情，我開始自我懷疑衝突，是不是我不夠了解自己？我是不是不適合跟女生在一起？我是不是只是沒遇到那個對的男生而已？愛男生、愛女生……我不知道自己可以怎麼去愛。這是一種漫長等待，又遙遙無期的無奈感受。

向來個性獨立自主的我，有心事都是在心裡面收藏著，很

多事情都自己決定、自己處理。直到 36 歲那年，內在突然有個聲音告訴我，眼前所打造的一切似乎都可以放棄，我想要做些更有意義的事，但我不知道那是什麼。

❤ 感恩生命貴人天竺大師

那時迷茫無助的心情是很恐懼、不知所措的，因為我連自己要幹嘛都說不上來，感覺像自由落體，只能一直往下掉落。很想抓住什麼，卻什麼也抓不住！但老天早已安排好機緣在我身邊，我以前工作的同事，早些年接觸了機構、修行了先天大法，在我最無助時想到了他！

但我不知道該如何表達，所以我胡亂問了一些問題、工作、感情、健康……他跟我說要了解靈性，給了我很多建議，那時候我的內心很無助著急，我甚至都不知道我在著急什麼。在了解他給我的建議之後，我都拒絕、都說不要，直到他說出：「那安排見天竺大師！」我毫不猶豫地說：「我要！」並急促地追問他：「什麼時候可以見？」

我想是機緣成熟了，加上先天福報，我很順利、很快速地見到了天竺大師。我依然清晰記得，當天大師為我還原了很多關於靈性的事，很深奧、很有智慧！當下似乎聽得明白，但又好像說不出來我明白了什麼。我很快決定，我要領易經法器、我要修行！我的內在告訴我，那是我眼前一條充滿希望的路。

▲ 2018 年 8 月光計劃 · 太陽之
子 · 光的薩滿

生活風景 ▶

▲ 2018 年 8 月光計劃 · 太陽之子 · 光的薩滿

▲ 日本京都靈修之旅

▼ 2020 年 6 月夢時代
立體浮雕創作展

▲ 2020 年 6 月夢時代立體浮雕創作展

一路走來，修行快進入第 10 個年頭，天竺大師在我生命中產生了巨大影響。大師是一位會把每個人放在心上，並替每個人著想的老師，且每天不斷精進，總是以身作則，成為我們的典範。大師的宏觀遠見，總是能一語道破學生的盲點，指出正確的答案。剛踏入修行，第一次接觸「療癒」課時，大師給了我一瓶胃輪脈輪精油，擦在身上後，我竟然整整哭了一堂課。同學問我怎麼這麼有感覺？其實我根本不知道自己發生什麼事，天竺大師只告訴我：「這是好事。」讓我哭得很安心。

靈魂藍圖　穿透我心

天竺大師問我：「妳什麼時候才要拿下『面具』？」我當下不明白是什麼意思。後來才漸漸意識到，長大後的自己，對於處理情緒，不知何時開始變得壓抑、逞強，不准自己哭、不准自己太弱，偽裝、倔強、好強。在不知不覺中，面具變成了我皮膚的一層，成為自以為是的自己，不斷設框架障礙，綑綁自己的錯誤信念是──總覺得自己不夠好。

修行之後，才開始接受人沒有十全十美，每個人都有優缺點。人與人之間本來就是互相彌補長短、互相成為鏡子，自己怎麼看別人，別人也會這麼看妳。人與人間要互相修正、鼓勵、支持、成長、服務，這是我在天竺大師團隊裡學到的。

當大師對我說：「陽炎，妳可以的！」我總是一邊想流淚，

一邊更加相信自己，因為大師的話總能穿透我的心。內在的我其實是沒自信的，但修行後的我，更加相信在修行路上，我會不斷演化、脫殼。沒自信的背後，其實是有更強大真實的靈魂力量。要踏踏實實地將價值活出來，一步一腳印，向下扎根，向上結果。

眼看不見得為憑，很多事是我們不知道，但卻很需要知道的。人生需要一位明師，協助我們知道真實的自己是誰？來這一趟要做什麼？要怎麼開始？這一輩子該如何完成我們的靈魂藍圖？不知因、不知果，便只能一直在因果裡打轉，很是痛苦。原來自己根深蒂固的習性、桎梏那麼多，需要一層一層卸下，才能明心見性，不阻礙靈魂的道路，更不會白白浪費人生來這一趟的意義。

❤ 沁身靈的整合　宇宙賜予恩典

專心修行後，對我最大的幫助是遇見一群誌同道合的好朋友，各自發揮所長、互相扶持、互相補強。同時我也開始改變女性外在的模樣，現在中性打扮更舒服自在。最重要的是，了解內在還有個真實的本我，脫掉外在、社會、他人給予的價值觀，活出更誠實自在的自己。

修行對於跟伴侶間的相處也很有幫助。在面對問題時，要用智慧來溝通協調，當智慧不足時，願意花時間從自己開始反

▲ 2020 年台南先知塔羅學院

▼ 2020 年 10 月「棒成一團」
　靈舞後台

◀ 生活風景

◀ 與張宴老師合影

舞蹈排練 ▶

省，互相溝通調整，有更多的了解與彈性，兩人的相處才會長長久久。

當開始規劃修行，走上自己靈性的道路後，我真實體會到腦袋的所思所想，跟宇宙天地智慧的境界格局是如此大不同。很多事情都不是我以前以為、知道的，我更加相信自己靈魂的天賦，堅信這是宇宙賜予我的一個恩典。我願意在有限的生命，盡其所能地發揮。

因為自己同志的身分，我曾經迷惘、無助、糾結、衝突、茫然、不知所措。幸運的是我遇見了吳主席、機構、引緣師、天竺大師、張宴老師……正在踏上靈魂道路的我，對於未來的展望是──在光藝術的領域將道根紮穩，天賦自然而生。當機緣成熟時，我更想成為大家的引路人，因為我知道每個人內在尋尋覓覓的答案在哪裡。

▲ 2018 年 10 月於圓山大飯店 · 靈舞

21
平凡之事 有不平凡之意

陳沁瑜
台東同誌命相塔羅占卜師

塔羅諮詢師

經歷

2019 年高雄同志大遊行活動參與

2019 年台東社區大學粉彩療癒畫講師

2016 年台東曙光分會塔羅諮詢師

2015 年女人國十週年派對先天塔羅占卜

2013 年台大杜鵑花季先天塔羅占卜

2012 年西門紅樓商圈先天塔羅占卜

2012 年西門紅樓愛很大先天塔羅占卜

專長

塔羅占卜、能量刀療、天賦藝術療癒

座右銘

平凡之事有著不平凡之意。

▼ 2019 年 11 月於高雄市文化中心高雄同志遊行十週年

▼ 2020 年 12 月在台東慶祝聖誕節

💜 相愛容易　相處很難

從來都沒有想過，有一天自己會有「同志」這個身分，至少在我 27 歲以前，這都是一件想都沒有想過、怎麼也不會發生的事情。

我出生在一個小康家庭，父母在我國中時離異。母親帶著我和兩個哥哥，還背負著父親留下的債務，一肩承擔很多事情的她，壓力很大、非常辛苦。後來，原本開朗樂觀的母親，變得多愁善感、情緒起伏很大。她常說人生有很多身不由己，所以她不希望自己的子女過得辛苦、活的不快樂，常鼓勵我們去選擇自己喜歡和想要的，即使和她的想法不一樣，她也會尊重和支持。

在我生命裡缺席的父親，我們很少見面、更少說話。他是一位沉默寡言、不擅表達情感的傳統男人。從小因為工作關係，父親很少在家，就算休假回家，也總是一臉嚴肅，所以我會害怕和他說話，不知道該怎麼親近他。

因為這樣的家庭環境，養成我早熟和獨立的性格，不想讓別人擔心、不要麻煩他人，也讓我從小內心就渴望，長大以後要擁有一個充滿歡樂、笑聲、陪伴和支持的幸福溫暖家庭。

我從高中開始談戀愛，到 27 歲以前的對象都是男生，談了三次戀情都是班對。看似獨立的我，其實很需要人陪伴，我的戀情都是從日久生情開始，但因為覺得對方並不是我想長久

▲ 2018 年 1 月台東曙光分會伙伴和天竺大師合影（右四）

相伴的知音人，因而選擇分開。

　　彼此需要溝通協調時，因善於傾聽且會顧全大局的我，常陷入表達障礙，沒有勇敢說出內心真實的聲音。久而久之，造成情緒壓抑、內心委屈、悶悶不樂，最後累積到疲累不堪時，自然不想再繼續下去……

💚 靈魂是不分性別的

　　所幸開始修行後，讓我打開了覺知，才發現我受到父母親的影響很深。例如：總是要為別人付出，感覺這樣不斷地付出，才有被需要和存在的價值。對於身邊人的需求，總是逆來順受，卻因此忽略自己內心的情緒和感受。甚至還有對於金錢的恐懼，認為錢好像怎麼拼命賺，總是都不夠用。我很渴望愛與被愛，但我卻不懂，到底該怎麼樣去愛與被愛。

▲ 2018 年 12 月宜蘭小旅行慶祝聖誕節

2020 年 10 月花蓮鹿境輕旅行 ▶

念國中時我開始知道「同志」這個名詞，有一位學姐的外型比較中性，才明白原來這叫女同志。但對於同志的朋友，我不知道怎麼和他們聊天，因為感覺他們好像很敏感，也怕自己說錯什麼話，所以產生一種莫名的距離。直到進入機構修行，我的思維才全然改觀。

　　第一個改觀的點是——「靈魂是不分性別的」。在有形世界中，肉體有男女之分；但在無形的靈性世界裡，是沒有分別的，難道愛不能超越性別嗎？我覺得好有道理。是啊！為什麼愛要被性別所限制呢？但聽完後，我又產生另一個疑問，那這樣要怎麼傳承下一代呢？難道老天爺要讓人類沒有後代嗎？

　　而後，在修行的路程上，我慢慢理解隨著時代、環境和生活持續在改變，越來越多人反而不想要有小孩，或者渴望有小孩卻無法生育。

　　時代會進化，自有變遷繁衍的方式，有些事情並非是我們要去擔憂顧慮的，而造成限制性的想法、擔憂和恐懼。重要的是，我的心願不願意選擇開放，去接納更多不同的聲音，因為真正的愛，是能包容一切的。

♥ 愛很大　真開悟

　　第二個改觀的點是——「為同誌命相服務」。進入機構第一個參與的活動，就是在西門紅樓舉辦的「愛很大」，服務

的對象大多是以同志族群為主，這讓我更明白他們的困擾、問題。因為受到傳統觀念、社會輿論、長期異樣眼光及負面評論的影響，他們的內心更加敏感脆弱不安，渴望自由和被認同，但又害怕做自己會被別人批評，所以內心總是充滿著糾結、矛盾與不安。

我深刻體會到，每個人都只想追求自由，想找到真正的「愛」，但為什麼這世界，會有這麼多的分別心和指責批判呢？難道不能給彼此更多空間尊重和包容嗎？我很感謝因為修行，讓我不用活在對立的世界裡。生命是有選擇的，永遠有一條自由大道，就在我們前方，給予我們曙光。

第三個改觀的點是——「我喜歡的性向改變了」。原本喜歡男生的我，變成對女生也有感覺，這顛覆過去我曾經的戀愛經驗，和原本對於家庭的認知。

當然內心裡會出現好多質疑自己的聲音，譬如這樣好嗎？家裡會接受嗎？沒有小孩我可以接受嗎？如果我沒有來修行，我一定沒有勇氣面對這些問題。

我重新去思考，什麼是我想要的家？什麼是幸福？我的父母為了工作，沒有太多時間陪伴子女，甚至他們彼此也不會溝通，最終才會走向離婚之路。所以想要有一個家，不是結婚有小孩就好，而是需要更多努力去經營，才會擁有真正幸福美滿的家庭。

▲ 2019 年 6 月和母親參加回歸初
心綻放天賦心靈粉彩畫聯展

▼ 2018 年 11 月培訓天賦
藝術指導師

▲ 2019 年 5 月台東都歷書屋帶小朋友繪畫粉彩療癒

▲ 2019 年 8 月台東出
出實驗坊天賦藝術粉
彩工作坊

2019 年 8 月台東
出出實驗坊天賦藝
術粉彩工作坊 ▶

▲ 2020 年 8 月於迦南銀髮生活福址中心一粒麥子基
金會邀請沁輪脈輪禪繞講座

💗 忘記過往的傷　努力向前邁進

讓每個平凡的生活裡，也能有一些小確幸，讓關係堆疊出深厚的情感，最重要的是，彼此能找到舒服平衡的感覺，那才會溫暖和幸福長久。

感謝我遇到重視經營關係的另一半，和以往我選擇的對象有很多不同，我們很凹凸互補。她總是提醒我不要壓抑，要說出自己真正的想法。每逢節慶時，她總會記得要有儀式感，互贈禮物或聚餐來表達心意。感謝她在生活裡，滿足許多我童年缺乏的家庭溫暖。

「過去沒有的，不代表真的失去，當妳不斷努力往前，其實那些美好，只是在後面一點等妳而已。」我很喜歡這句話，忘記背後，努力向前！

我很務實，另一半比較浪漫，剛開始交往時，在磨合中有時很辛苦也很容易衝突。漸漸的，只要彼此是有心相愛，想讓關係更好，就可以找到適合彼此良好的相處方式。

直到現在，我的母親都還沒有辦法接受自己女兒是「同志」這件事，這和她傳統的觀念認知，有太多矛盾衝突。我還沒打算告訴她，因為愛她、了解她，所以不勉強她面對和接受這個「抗拒」，我會繼續努力，把自己過得更好。等待時機成熟時，讓她不用擔心，我們真的可以過得很幸福！希望母親可以知道，愛真的沒有性向的分別。

💗 內在的沁　從相對到相融

一段關係開始崩壞，常常來自沒安全感和不信任、內心不安、想太多或不了解自己到底要的是什麼。當引起兩人的衝突和矛盾時，「了解自己」，才不會總是把錯都怪在別人身上，問題可能是來自你的原生家庭，要先好好認識自己、了解自己、找出根源。

有在修行的人，即使遇到各式各樣的問題，也總會有更多面對處理的方法。因為修行，發現問題、轉換自己的速度變快了，就不會再鑽牛角尖、走到死胡同裡無解。

回顧這一路修行，覺得不可思議！如果不是靈魂的緣分、不是為了完成使命，怎麼會這麼堅持。感謝機構、主席、天竺大師、張宴老師、所有的伙伴和同修。生命中的每一個階段、改變都有巧妙的安排，我從不了解修行，到開始認識真正的自己，才會知道原來以前的自己，有這麼多自以為是。原來自己的習性、慣性，有這麼多偽裝和掩飾。

從聽不懂到有一點似懂非懂，到覺知再到有點懂，這都是在一個打破「無知」的過程，面對真實自己的過程。過程中難免會很不舒服、很痛苦，因為人性容易逃避現實，不想面對自己醜陋的一面。

我在天賦藝術學習到，過度完美的線條，就像人工刻意加工出來的，很刻意、很假。自然的紋路，雖不完美，卻使人喜

▲ 2020 年 1 月 GAYA 潮渡假酒店塔羅運勢占卜活動

▲ 2020 年 1 月 GAYA 潮渡假酒店塔羅運勢占卜活動

▲ 2017 年 1 月台東教育
廣播電台邀請分享天賦
藝術療癒

2017 年 6 月日本 NHK
電視台來台東曙光分會
採訪能量刀療（右四）▶

▲ 2019 年 12 月擁恆文創園區朝聖大會

▲ 2020 年 10 月台北圓山飯店世界領導人聯合頒獎典禮

歡。每個不完美，都有它存在的必要性，都是為了讓我們學習接受欣賞，而不是為了產生對立。

　　唯有真誠面對，生命中所有的好與不好，才能讓心有機會活出真正的自由和自在。找回內在簡單純淨的自己，這是我現在努力的方向。

　　接受一切所有，才會讓內在的沁，從相對走到相融，沁身靈才能緊緊地連結在一起。希望盡我小小的力量，努力精進成長，未來能夠協助更多人，一起來蛻變自己的生命。祝福每個朋友，都可以找到自己真正想要的幸福和快樂。

22
彩虹是我們巨大的力量

楊桎佑
花蓮同誌命相塔羅占卜師

自由工作者

經歷

台灣人，曾擔任電視電影造型顧問、美容醫學保養皮膚管理師

專長

塔羅沁靈輔導、刀療自然療法、冥想引導

座右銘

人生可以有很多選擇，但不一定要選擇當受害者。

💚 生無可戀　生活太慘

　　我的家鄉在花蓮，擁有舉世聞名的太魯閣峽谷、熱情奔放又樸實的民族風情。最重要的是，我們堅信彩虹是我們的力量。幾乎每天雞未啼叫的時候，我們就起床準備下田的工具與飲食，在太陽下沐浴，並用大地的塵土點綴衣身。生活上是自給自足、以物換物，當然為了配合貨幣政策，我們還是會把大部分的收穫換成金錢財富。

　　我從小就在這樣單純的環境裡成長，幼年的我沒有想過有什麼是不一樣的，沒有分別之心，也就是沒有男女之分、沒有善惡之別。現在回想起來，這好像就是有在修行者或是靈性修養者，常常說的境界。一直到上小學念書，才開始漸漸有了「知識」，感覺對這個世界好像更了解，可是卻又好像很疏遠。因為一切開始有了界限，人跟人之間要有的距離，所謂的「智慧」好像都藏在「秘密」裡。

　　談到我的同志經驗，我覺得不需要這麼多詞彙來形容一段愛情，因為沒必

▲ 濟時尚竹子湖一日遊課程

要有那麼多的分別。我就讀的是某鄉下男校，記得第一次進到校園，就充滿著濃濃的雄性賀爾蒙味道，說真的我沒有特別興奮，還覺得特別不好受。在這間全是男生的學校，我遇見了一個讓我開始想擺脫「同志」身分的人。那時的我生無可戀，真的覺得生活太慘！慘到輔導室的老師尋求了校外的心理醫生，到學校來為我治療。

大家一定很好奇，為何老師會請心理醫生到校為我治療？因為以下 5 點：

1. 自小家庭父母不和睦，每天吵來吵去，甚至都是腥風血雨，自己每天都像是待在命案現場。

2. 看似衣食無缺的我，其實是個沒有營養午餐的少年。

3. 雖有一個好媽媽，對我寄予厚望，但我卻沒有一個好的家庭環境。

4. 加上我跟大家的情感觀點又不一樣，似乎等於「有罪」。

5. 雖不明白人生由何來，但我想我可以決定自己死去。

💙 無人之巔太冰冷了

有一天我在教室裡，繼續我的日常「睡覺」，有一個隔壁班的同學找我出去聊聊，問我最近過得好嗎？他旁邊有一個小腿看起來很乾的男生，臉上有一對圓形烏黑的雙眸，手上拿著一瓶飲料的他不發一語，且以一種讓人不是很舒服的眼光盯著

▲ 瀞時尚冥想沁靈引導之旅

▲ 瀞時尚冥想沁靈引導之旅

我看，這是我對他的第一印象。後來學校重新分班，夭壽！這個男生竟然跟我同班，他彷彿空氣一樣無所不在，抬頭、低頭、撇過頭，甚至不在學校時，他的身影都填滿我的生活。

我是一個孤傲的男孩，加上心理障礙，打從心底沒有想出櫃，更不想動心激起什麼漣漪，或擦出什麼花火。因為要承受太多壓力，我寧願孤獨一世。

但就算我有這樣如鐵如石的鋼鐵意志，還是在他如陽光般溫暖的關心、疼愛下，漸漸地被融化。充滿愛的兩人，悄悄地牽起了手。

我從來不覺得，自己跟別人不一樣。喜歡一個人、愛上一個人，這是很自然而然的事。但許多不明究理的社會大眾，會誤解喜歡同性的人是被魔鬼纏身，愛滋病毒、心理疾病、娘娘腔、怪胎、不孝順……等等各種各樣負面難堪的名詞強加在頭上。我雖然不是古代皇帝，但總是在無人之巔，無法了解為何會這樣？

所以我根本不敢大膽愛上同性的人，越是喜歡我的，我越是排斥他。對於自己喜歡的人，在表面上我處處衝突交鋒，但在心裡面，卻波濤洶湧、「曖曖內含光」，就這樣我接受了衝突的美感，卻忘了顧及與我相伴人的心裡感受，變成只在乎我自己的人。

當我們分手後，天昏地暗、天崩地裂、撕心裂肺、鬼哭神號，都不足以形容我那時的痛苦悲傷。我很想要找個人，把我

藏得很久的「智慧」告訴他，我想要有人認同與分享我的「智慧」，無人之巔太冰冷了。當時的我是一個 20 歲的玻璃心少年，怎麼能承受得起這一股即將自爆的內在壓力？我覺得我快不行了！

♥ 我們早知道　不忍戳破你

我毅然做了個決定，先找一位閨蜜告白我的人生，如果閨蜜無法接受，我將了斷某個事件。我約了閨蜜在面臨太平洋、鋪滿銀光的沙灘上。

「我有一件事想跟你說，但絕對不是我喜歡你，我…我…我…」「你到底是在說什麼啦？你怎麼了？」

我依然記得閨蜜對我投出的關心眼神，我猜她應該很擔心，但「我喜歡男生」這一句話，我還是用了一輩子最大的勇氣，而且花了約莫一個小時，才告白出來。只見閨蜜冷冷地回：「我們早就知道了，只是不願戳破你。」

頓時之間，空氣裡的塵埃落定、花開並蒂，圍繞在鼻腔附近的空氣變得好清新。彷彿我從來沒有這樣順暢地呼吸過、沒有這樣為自己活著過，我頓時卸下心中的大石頭，開始要尋找自己的道路。

所謂關關難過關關過，我不斷地尋找自我認同這件事，所以我還有一項重大任務，就是向家人表白。因為不知道當我說

▲ 瀞時尚炁門能量體適能課程

▼ 瀞時尚炁門能量體適能課程

▲ 瀞時尚炁門能量體適能課程

出口後，父母家人的反應會如何。所以決定表白那日，我坐在機車上，若有所思地看著我的姐姐。

「幹嘛，你失魂落魄的，失戀喔？」姐姐問我。我心一驚，不愧是最懂我心的好姐姐，她繼續問：「是誰？」我的話還卡在骨盆底肌上不來，她立刻說；「是上次那個男的喔？」

我真真是拜服姐姐，不知道是不是心有靈犀，還是這就是血緣的關係。只見姐姐並未生氣或驚訝，反而說著溫暖安慰我的話，當下我才放心，整個人輕鬆起來。原來自己那些壓在心中很久的情緒，深怕家人知道我愛男生後會引起什麼家庭風暴，其實這也沒什麼，只是自己太擔心了。從此我的家人都知道了，但都沒有人刻意提起。

💚 青菜蘿蔔各有喜好

這就是相依為命愛我的家人，當然家人們，還是會語重心長地對我說：「知道你的性向後，會擔心到睡不著，你這樣到底是女生？還是男生？會不會被男生欺負？」

在家人、朋友的認同與心靈支持下，我已不在乎別人如何說我「同志」的身分，因為我跟大家一樣，都是活在這世上的「眾生」。青菜蘿蔔各有喜好，你不用喜歡我，因為我也不一定喜歡你，彼此尊重多好。

我原誤以為「同志」在社會中，是不受認同、被邊緣化的，

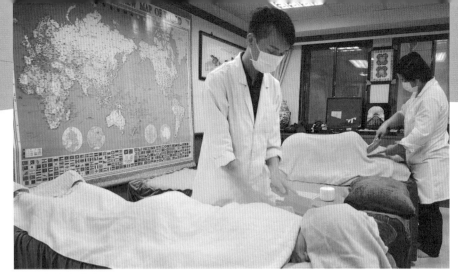

▲ 刀療自然療法

所以在對待每一段同性關係時，我都是非常珍惜、用心把握。不管大家口中說的是什麼，其實異性戀、同性戀都一樣，完美的愛情只出現在戲劇中。現實中的愛情，要面臨很多考題。太順利的愛情，考慮彼此健康，甚至其中一位可能提早離開；太折磨的愛情，則寧願讓對方喘不過氣，也不願意放開勒住對方脖子的那雙手。

　　當發現大多數人的關係是建立在情慾上（當然情慾的生理反應是一種本能），但套用在愛情裡時，我對於「關係」開始感到崩潰和害怕。我的世界又陷入黑暗的低谷，唯一支持我撐下去的，可能只剩下某種信仰。但我沒有真正的信仰，我不知道該去哪裡尋找屬於我的信仰。

▼ 塔羅沁靈占卜

▲ 醒吾大學塔羅沁靈占卜

▲ 醒吾大學塔羅沁靈占卜

❤ 叩叩叩　很神奇

　　某天，我陪著一位朋友到一間特別的辦公室，「叩叩叩」的聲音此起彼落、不斷響起，有很多來自四面八方、想要尋求解決問題的人在排隊等候。我悄悄望向「叩叩叩」聲傳來的方向，一位「大哥」正拿一根棒子，專注敲著羅盤，對面的「信徒」（我姑且這樣形容）聽完以後，起身離去前會雙手合十地感謝。我的心中頓時有各種問號，因為我從來沒有接觸過這樣「叩叩叩」，就能解決問題的「法術」，我對此充滿好奇。

　　我悄悄旁敲側擊，打聽這個機構，並實際接觸了解，看看為什麼有這麼多想解惑的人，不去廟裡、佛寺、教堂，卻選擇來這裡？

　　獲知資訊後，我開始入門修行。所謂「不入虎穴，焉得虎子」，我照著所教的每天認真專注做功課，起床、運動、冥想⋯⋯坦白說，一開始我心思半信半疑的很混亂，我想一定要抓到「虎子」，不然「抓虎子」的人潮不會這麼多。

　　約莫過了兩三個月後，我覺得沒什麼道理可言，但我知道自己變得不一樣了。原本在心中已經破碎散落一地的「希望」，漸漸在重新組合；很多之前過不去的事情，也開始單純清晰；過了心中的檻。這種感覺很特別，很像原本皮膚掉了一塊皮肉，這塊皮肉要掉不掉地懸在身上。如今，這塊皮肉自我了斷地掉落，然後有塊新生的皮肉溫暖地覆蓋在這傷口上，變成

新的皮膚，而且更堅韌，更能抵抗紫外線或有毒的空氣，大概就是這樣的感覺。

💙 合理道理真理無理

在「修行」的催化下，我開始意會到人跟人之間的距離，其實就在於語言溝通。語言總有智慧的裝飾，心靈交會才是最真實的感受。從此豁然開朗的我，開始活得悠哉、過得自在。這種充實快樂的生活，是從接觸吳主席與機構後，所發生的微妙變化。

在我的老師輔導之下，他教會我本來要避掉的人，更應該要學著去面對。我們學會 20 世紀的相對論知識，更要發揮 21 世紀的相融論，合理、道理、真理、無理。面對表面是精進、超越、突破自我，但更深層的意義是，「修正自己，圓滿他人」。

原來一切內心的自我衝突，遺失了能信任人的道德與勇氣，這一切都可以在修正自我中圓滿回來。當我在修行中，找回了信任的道

▲ 瀞時尚森林浴冥想瑜伽

德與勇氣後，我在「同志圈」中，便尋獲了我值得被信任的基石。

在人與人的相處之間，尤其是愛情，我們都要謹記一句來自吳主席的名言：「信任是一種道德與勇氣，被信任是一種承擔與負擔。」這句話通用在自己、家庭、社會，以及最多人執著的愛情。

天生萬物養萬物，天養萬物生萬物，每一個人都是天作之美，不要小看自己，

▲ 銀髮族參與活動

也不要放大自己。因為別人不懂得欣賞，我們就更要展現屬於自己獨特的美好。因為屬於我們自己的這一份獨特，是宇宙天地讓我們有存在與被存在的價值。

過去的同志，有可能只是彼此在尋找志同道合，一群被社會大眾誤解為可憐的邊緣人；現在的同誌，是勇敢面對自我獨特，敢秀敢說的戰士；未來的大同誌，則將會引領世界心靈藝術主流與大潮流。

國家圖書館出版品預行編目資料

我的紅樓不是夢/吳錦珠著. -- 初版. -- 新北市 : 啟思出
版, 采舍國際有限公司發行, 2021.03
　　面；　公分
ISBN 978-986-271-899-5（平裝）

1.同性戀　　2.訪談　　3.傳記

544.75　　　　　　　　　　　　　　110000858

我的紅樓不是夢

本書採減碳印製流程，碳足跡追蹤，並使用優質中性紙（Acid & Alkali Free）通過綠色環保認證，最符環保要求。

出 版 者　啟思出版
作　　者　吳錦珠
品質總監　王寶玲
總 編 輯　歐綾纖
文字編輯　范心瑜　　　　　總　　召　李芯薇
美術設計　Mary　　　　　　企　　劃　李盈翮、王鼎琪、黃敏怡

台灣出版中心　新北市中和區中山路2段366巷10號10樓
電　　話　(02) 2248-7896　　傳　　真　(02) 2248-7758
I S B N　978-986-271-899-5
出版日期　2021年3月

全球華文市場總代理　采舍國際有限公司
地　　址　新北市中和區中山路2段366巷10號3樓
電　　話　(02) 8245-8786　　傳　　真　(02) 8245-8718

全系列書系特約展示
新絲路網路書店
地　　址　新北市中和區中山路2段366巷10號10樓
電　　話　(02) 8245-9896
網　　址　www.silkbook.com

線上 pbook&ebook 總代理　全球華文聯合出版平台
地　　址　新北市中和區中山路2段366巷10號10樓
主題討論區　www.silkbook.com/bookclub　　● 新絲路讀書會
紙本書平台　www.book4u.com.tw　　● 華文網網路書店
電子書下載　www.book4u.com.tw　　● 電子書中心 (Acrobat Reader)